As virtudes do fracasso

CHARLES PÉPIN

As virtudes do fracasso

Tradução
Luciano Vieira Machado

2ª edição

Estação Liberdade

Título original: *Les Vertus de l'échec*
© Allary Éditions, 2016
© Editora Estação Liberdade, 2018, para esta tradução
Publicado mediante acordo especial com a Allary Éditions, juntamente com seus agentes devidamente nomeados, 2 Seas Literary Agency e Villas-Boas & Moss Agency.

PREPARAÇÃO Silvia Massimini Felix
REVISÃO Luciana Lima
EDIÇÃO DE ARTE Miguel Simon

CIP-BRASIL. CATALOGAÇÃO NA PUBLICAÇÃO
SINDICATO NACIONAL DOS EDITORES DE LIVROS, RJ

P478v

    Pépin, Charles, 1973-
        As virtudes do fracasso / Charles Pépin ; tradução Luciano Vieira Machado. - São Paulo : Estação Liberdade, 2018.
        184 p. ; 21 cm.

    Tradução de: Les vertus de l'echec
    Inclui bibliografia
    ISBN 978-85-7448-289-7

    1. Filosofia contemporânea. I. Machado, Luciano Vieira. II. Título.

18-47104   CDD: 190
                                                CDU: 1

12/01/2018   12/01/2018

Todos os direitos reservados à Editora Estação Liberdade. Nenhuma parte da obra pode ser reproduzida, adaptada, multiplicada ou divulgada de nenhuma forma (em particular por meios de reprografia ou processos digitais) sem autorização expressa da editora, e em virtude da legislação em vigor.

Esta publicação segue as normas do Acordo Ortográfico da Língua Portuguesa, Decreto nº 6.583, de 29 de setembro de 2008.

EDITORA ESTAÇÃO LIBERDADE LTDA.
Rua Dona Elisa, 116 | Barra Funda
01155-030 São Paulo – SP | Tel.: (11) 3660 3180
www.estacaoliberdade.com.br

Sumário

Introdução 9

1. O fracasso para aprender mais rápido 15
   — o problema francês —

2. O erro como o único meio para compreender 25
   — uma leitura epistemológica —

3. A crise como uma janela que se abre 33
   — uma questão para nosso tempo —

4. O fracasso como via para afirmar o próprio caráter 43
   — uma leitura dialética —

5. O fracasso como lição de humildade 51
   — uma leitura cristã? —

6. O fracasso como experiência do real 59
   — uma leitura estoica —

7. O fracasso como oportunidade de reinventar-se 67
   — uma leitura existencialista —

8. O fracasso como ato falho ou acidente fecundo 79
   — uma leitura psicanalítica —

9	Fracassar não é ser um fracassado	89
	– por que o fracasso faz tanto mal? –	
10	Ousar é arriscar-se ao fracasso	95
11	Como aprender a ousar?	107
12	O fracasso da escola?	117
13	Lidar bem com o próprio sucesso	131
14	A alegria do combatente	141
15	O homem, esse animal que falha	155
16	Nossa capacidade de recuperação é ilimitada?	165

Conclusão — 171

ANEXOS

Se — 175

Os livros que fizeram este livro — 179

Introdução

O que têm em comum Charles de Gaulle, Steve Jobs e Serge Gainsbourg? O que aproxima J.K. Rowling, Charles Darwin e Roger Federer, ou ainda Winston Churchill, Thomas Edison ou a cantora Barbara?

Todos eles conheceram sucessos estrondosos? Sim, mas não é só isso. Eles fracassaram antes de vencer. Melhor ainda: foi pelo fato de terem fracassado que conseguiram vencer. Sem a resistência da realidade, sem esses reveses, sem todas as ocasiões para refletir ou se recuperar propiciadas por suas perdas, eles não teriam conseguido realizar o que realizaram.

Do começo da Primeira Guerra Mundial ao meio da Segunda, Charles de Gaulle suportou cerca de trinta anos de adversidades. Mas foi nesses embates que ele afirmou seu caráter e tomou consciência de seu desejo: fazer viver "certa ideia da França". Quando por fim os ventos da história mudaram, ele estava preparado. Seus fracassos o tinham fortalecido. Eles o haviam preparado para o combate.

Thomas Edison falhou tantas vezes antes de inventar a lâmpada elétrica que um de seus colaboradores lhe perguntou como podia suportar tantos fracassos, "milhares de fracassos". "Eu não fracassei milhares de vezes, eu consegui fazer milhares de tentativas que não funcionaram", respondeu o inventor. Thomas Edison sabia que um cientista só aprende errando, e que cada erro corrigido é um passo na direção da verdade.

Serge Gainsbourg viveu dramaticamente o abandono da carreira de pintor à qual se dedicava. Foi com o gosto do fracasso na boca que se voltou para essa arte menor que era, para ele, a canção. Mas foi justamente isso que o libertou da pressão que se impunha como pintor. Não se pode dissociar seu talento de compositor e intérprete — o "toque especial" Gainsbourg — dessa descontração que é, também, filha do fracasso.

Hoje em dia, quando vemos Roger Federer jogar tênis, é difícil imaginar os fracassos que ele suportou na adolescência, os ataques de raiva que o dominavam. Não era raro vê-lo atirar longe a raquete, de pura raiva. Ora, foi durante esses anos que se construiu aquele que iria se tornar o melhor jogador de todos os tempos. Sem a soma de batalhas perdidas e os momentos de abatimento, ele não teria se tornado, mais tarde, o número um mundial. Seu lendário *fair play*, sua elegância "fácil" nada têm de inato: foram conquistados, e por isso mesmo são ainda mais belos.

Charles Darwin abandonou, sucessivamente, seus estudos de medicina e teologia. Foi então que embarcou para a longa viagem no *Beagle*, que revelaria sua vocação de descobridor. Sem seus fracassos de estudante, ele jamais teria estado disponível para essa viagem que mudaria sua vida e, além disso, a própria ideia que nós, humanos, tínhamos de nossa humanidade.

A princípio, a cantora Barbara viu as portas dos cabarés se fecharem para ela. Quando teve enfim a oportunidade de se apresentar neles, muitas vezes se via na situação de cantar sob vaias. Ouvindo-a interpretar certos títulos sublimes que viria a compor depois disso, sentimos uma força vital e uma empatia que muito devem às humilhações que sofreu. Suprimir as derrotas na trajetória de Barbara seria suprimir as mais belas canções de seu repertório.

Esses poucos exemplos já sugerem: no fracasso não existe apenas uma virtude, mas muitas. Há fracassos que acarretam um fortalecimento da vontade, outros que resultam em seu afrouxamento; há fracassos que nos dão força para perseverar no mesmo caminho, e os que nos oferecem o impulso para transformá-lo. Há os fracassos que nos tornam combativos, os que nos tornam mais sábios, e há também os que nos tornam simplesmente disponíveis para outra coisa.

O fracasso está no âmago de nossas vidas, nossas angústias e vitórias. Estranhamente, esse assunto não é tratado pelos filósofos. Quando comecei a trabalhar sobre este tema, fui buscar o que os grandes sábios da Antiguidade diziam sobre ele. Qual não foi, então, minha surpresa ao descobrir o pouco interesse que tinham por essa questão. Eles, tão prontos a refletir sobre o ideal e o real, sobre a "vida boa" e a luta contra os medos, sobre a diferença entre o que queremos e o que podemos, deveriam ter escrito profusamente sobre o fracasso, meditações inspiradas sobre esse sentimento. Mas não é isso que acontece. Não existe nenhuma grande obra de filosofia a respeito. Nenhum discurso cartesiano sobre a virtude do fracasso. Nenhum tratado hegeliano sobre a dialética do fracasso. O fato é ainda mais perturbador quando se considera que a derrota parece manter uma relação bastante estreita com nossa aventura humana.

Por ocasião de minhas conferências, encontro muitos empresários ou assalariados que sofreram o ônus de concordatas, demissões, oportunidades perdidas. Em alguns casos, eles atravessaram a infância, a adolescência, os estudos, um começo de vida profissional — sem conhecer o sentimento da derrota. Observo que são estes que mais têm dificuldade de se recuperar.

Como professor de filosofia no ensino médio, vejo muitas vezes alunos atormentados por suas notas baixas. É evidente que nunca lhes disseram que um ser humano pode fracassar. Não obstante, a frase é simples: nós podemos fracassar. É simples, mas penso que ela contém algo de nossa verdade. Os animais não são passíveis de fracasso, pois tudo o que fazem é ditado pelo instinto: basta-lhes obedecer à sua natureza para não se enganarem. Toda vez que um pássaro constrói seu ninho, ele o faz com perfeição. Instintivamente, ele sabe o que tem de fazer. Ele não precisa tirar lições de seus fracassos. Quando nos enganamos, quando fracassamos, manifestamos nossa verdade de seres humanos: não somos nem animais determinados por instintos, nem máquinas perfeitamente programadas, nem deuses. Somos passíveis de fracasso porque somos homens e porque somos livres: livres para nos enganar, livres para nos corrigir, livres para progredir.

O tema do fracasso se apresenta ainda, por vezes, nas obras dos filósofos. Ele nunca está muito distante nos filósofos estoicos da Antiguidade, que nos ensinam uma sabedoria da aceitação e nos orientam para que não acrescentemos um segundo mal ao primeiro. Pode-se entrevê-lo em Nietzsche quando ele escreve, por exemplo: "Muitos não conseguiram libertar-se de suas próprias cadeias, mas ainda assim souberam libertar um amigo." O tema também está implícito nos escritos existencialistas de Sartre: se, durante toda a nossa vida, podemos *nos tornar*; se, como escreve Sartre, não estamos confinados numa *essência*, é porque o fracasso pode ter a virtude de nos conduzir para esse futuro, de nos ajudar a nos reinventar. Isso é mais explícito em Bachelard quando ele define o gênio como aquele que tem a coragem de fazer "uma psicanálise de seus erros iniciais". Portanto, é desses filósofos que partiremos. Mas isso não bastará. Será preciso procurar em outro lugar essa sabedoria do fracasso que eles apenas esboçam: nos escritos dos artistas ou na experiência dos psicanalistas, nos textos sagrados ou nas memórias dos grandes homens, na reflexão tão inspiradora de Miles Davis, nas lições de vida de Andre Agassi ou na poesia luminosa de Rudyard Kipling.

1

O fracasso para aprender mais rápido
— o problema francês —

Estamos na França, em Tarbes, em pleno inverno de 1999. O jovem espanhol tem treze anos. Ele acaba de perder a semifinal do torneio de tênis dos Pequenos Ases, o campeonato do mundo oficial para a faixa de doze/catorze anos de idade. O francês que o derrotou, e que terminaria por vencer o torneio, nasceu no mesmo ano que ele e tem exatamente a mesma estatura. Esse jovem prodígio se chama Richard Gasquet: "O pequeno Mozart do tênis francês." Os especialistas afirmam que nunca nenhum jogador alcançou tal maestria com essa idade. Aos nove anos, ele já aparecia na primeira página da *Tennis Magazine*, com a chamada "O campeão que a França espera". Seus gestos perfeitos, a beleza de seu *backhand*, a agressividade de seu jogo foram para o adversário outras tantas feridas narcísicas. Depois de apertar a mão de Richard Gasquet, o adolescente maiorquino se deixa cair sobre a cadeira, arrasado. Ele se chama Rafael Nadal.

Naquele dia, Rafael Nadal fracassou na conquista do campeonato mundial na categoria de sua idade. Quem assistir ao jogo hoje (disponível no YouTube) se impressionará com a agressividade do jogo de Richard Gasquet: ele logo domina a bola e pega o adversário desprevenido. Ora, essa maneira de entrar na bola com uma agressividade máxima lembra estranhamente aquilo que fará o sucesso de Rafael Nadal, que viria a ser o número um mundial e manteria o título durante anos, vencendo sessenta torneios, entre os quais doze títulos em Grand Slams.[1] Richard Gasquet tornou-se um grande jogador, chegou ao sétimo lugar mundial, mas até hoje não ganhou nenhum torneio do Grand Slam. No total, ele só conquistou nove títulos. Quaisquer que sejam suas conquistas futuras, sua carreira já não poderá igualar-se à de Rafael Nadal. Assim sendo, a questão que se impõe é: onde reside a diferença?

Recapitular a trajetória de Rafael Nadal pode nos dar pistas para uma resposta. Jovem, ele sofreu muitas derrotas: partidas perdidas e uma incapacidade de dominar a técnica do *forehand* clássico que o obrigou a desenvolver o *forehand* desconforme, em que a raquete se ergue como um laço, num gesto improvável que se tornou sua assinatura. Depois da derrota para Richard Gasquet, eles disputariam catorze partidas. Rafael Nadal ganhou todas elas. Sem dúvida, depois daquela partida, Rafael Nadal ficou ainda mais atento ao próprio jogo e o analisou em profundidade com seu tio e treinador Tony Nadal. Sem dúvida, naquele dia em Tarbes ele aprendeu mais perdendo do que se tivesse ganhado. Talvez ele tenha aprendido, numa só derrota, o que dez vitórias não poderiam ter lhe ensinado. Não é impossível que ele tenha se dado conta da potência agressiva de que era capaz no momento em que era vítima de Richard Gasquet.

---

1. Realizar o Grand Slam de tênis é ganhar, num mesmo ano, os quatro maiores torneios do circuito internacional organizado pela Federação Internacional de Tênis. [N.T.]

Estou certo de que Rafael Nadal precisou dessa derrota para se aproximar mais rápido do próprio talento. No ano seguinte, aliás, ele se sagraria campeão do torneio dos Pequenos Ases.

Talvez esteja justamente aí o problema de Richard Gasquet: desde seus primeiros passos na quadra de tênis até os dezesseis anos de idade, ele conquistou vitórias sucessivas com uma facilidade desconcertante. Não teria ele deixado de fracassar o bastante durante seus preciosos anos de formação? Não teria ele começado a fracassar... tarde demais? Pelo fato de praticamente não conhecer derrotas, não teria ele deixado de ter essa experiência da realidade que se mostra intratável e que nos leva a questioná-la, a analisá-la, a nos espantar diante de sua estranha textura? Os sucessos são agradáveis, mas muitas vezes são menos ricos de ensinamentos que os fracassos.

Há vitórias que só se conquistam perdendo batalhas — afirmação paradoxal, mas que contém, acredito, algo do segredo da existência humana. Apressemo-nos, portanto, a fracassar, porque assim encontraremos a verdade, mais do que se tivéssemos conquistado a vitória. Como o fracasso resiste a nós, nós o questionamos; nós o observamos de todos os ângulos. Como ele resiste a nós, nele encontramos um apoio para tomar impulso.

Estudando a maneira como os fundadores de *startups* sabem se recuperar, alguns teóricos norte-americanos do Vale do Silício enaltecem o *fail fast* — fracassar rápido — ou mesmo o *fail fast, learn fast* — fracassar rápido, aprender rápido — para salientar o caráter virtuoso dessas derrotas precoces. Durante os anos de formação, o espírito é ávido por aprender, capaz de tirar instantaneamente lições daquilo que lhe oferece resistência. Eles mostram que os empresários que fracassaram cedo e souberam tirar rapidamente lições das próprias derrotas conseguem ter mais êxito — e sobretudo mais rápido — do que tiveram aqueles cuja trajetória foi livre de tropeços. Eles insistem no poder dessas experiências que, mesmo malogradas, fazem avançar mais rápido do que as melhores teorias.

Se for esse o caso, nós entendemos o que falta a todos os bons alunos, sérios e diligentes, que caem no mercado de trabalho sem nunca terem tropeçado. O que eles teriam aprendido, pois, contentando-se em obedecer à norma e em seguir, com sucesso, as instruções? Não lhes faltaria esse senso da retomada, essa capacidade de reagir tão decisiva em nosso mundo em constante mutação?

Minha profissão de professor de filosofia muitas vezes me trouxe a oportunidade de verificar a virtude dos fracassos precoces, sua capacidade de facilitar vitórias mais rápidas.

No início do último ano do curso secundário, a filosofia é uma matéria nova. Os alunos são convidados a refletir por si mesmos como nunca fizeram antes, a tomar uma liberdade inédita com suas circunstâncias, a ousar assumir os mais vastos e profundos questionamentos da existência. Com o distanciamento que me proporcionam vinte anos de ensino de filosofia, posso afirmar que em geral é preferível falhar redondamente no primeiro trabalho de filosofia a tirar uma nota mediana, mas sem se questionar. Essa primeira nota baixa permite tomar consciência da mudança radical que será preciso fazer. É melhor fracassar logo de início e se fazer os verdadeiros questionamentos do que ter êxito sem compreender por quê: depois disso, os progressos serão mais rápidos. Desde que esse fracasso seja aceito e questionado de imediato, a iniciação à filosofia se faz mais facilmente pelo fracasso do que pelo sucesso.

Eu lecionei durante muito tempo filosofia, rebatizada como "cultura geral", nos cursos de verão de preparação para o exame da Sciences Po. Essas aulas intensivas recebiam alunos recém-graduados no vasto parque florido do Liceu Lakanal de Sceaux. Elas começavam em meados de julho, duravam cinco semanas, e os exames aconteciam em fins de agosto, começo de setembro. Aí observei o mesmo fenômeno, mas em ritmo acelerado. Muitas vezes aqueles que começavam o curso de verão com boas notas não conseguiam, no fim do verão, entrar na Sciences Po. Em contrapartida, entre aqueles que obtinham no início do estágio algumas notas realmente muito desastrosas, muitos se saíam brilhantemente cinco semanas depois e assim conseguiam ingressar na escola da Rue Saint-Guillaume. Devido ao fracasso, à "crise" inicial, eles tiveram a chance de encontrar a realidade nova que os esperava, ao passo que os que obtiveram notas medianas no começo do estágio não se deram conta de nada. Aqueles tinham sido despertados pelo próprio fracasso, enquanto estes se deixaram embotar por seu modesto sucesso. Um período muito curto — cinco semanas — bastava, pois, para mostrar que uma derrota aceita pode se revelar mais proveitosa do que a não ocorrência de fracasso. Mais vale um fracasso imediato, e logo superado e corrigido, do que a ausência total de fracasso.

Essa visão das coisas pode parecer evidente, mas é incomum. Quando os teóricos norte-americanos conceberam o *fast fail*, a virtude do fracasso rápido, eles o fizeram por oposição ao que chamavam de *fast track*, a ideia de que seria decisivo ter sucesso rápido, colocar-se o mais cedo possível nos trilhos (*track*) do sucesso. Em muitos aspectos, é essa nossa maneira de conceber o êxito que está em xeque. Com efeito, nós parecemos sofrer dessa doença que é a ideologia do *fast track*.

Nos Estados Unidos, no Reino Unido, na Finlândia e na Noruega, os empresários, as figuras políticas e os esportistas gostam de destacar os reveses experimentados no início de suas carreiras, que eles ostentam com orgulho, da mesma forma que os guerreiros exibem suas cicatrizes. Neste velho país que é a França, ao contrário, nós nos afirmamos exibindo os diplomas conseguidos quando morávamos com nossos pais.

Quando ofereço palestras em empresas, muitas vezes encontro quadros ou dirigentes que se apresentam como "HEC 76", "ENA 89" ou "X 80", isto é, diplomados pela HEC (Escola de Altos Estudos Comerciais) em 1976, pela ENA (Escola Nacional de Administração) em 1989 ou pela Escola Politécnica em 1980. Isso sempre me surpreende. A mensagem implícita é clara: "O diploma que conquistei aos vinte anos de idade me dá, para toda a vida, uma identidade e um valor." É o contrário do *fail fast*: trata-se não de falhar logo, mas de ter êxito rápido! Como se fosse possível e desejável colocar-se de uma vez por todas ao abrigo do risco, meter-se nos trilhos de uma carreira previamente traçada e definir-se, para toda a vida, por um sucesso alcançado aos vinte anos de idade. Como não ver nessa obsessão pelos diplomas obtidos quando eram jovens um medo da vida, dessa realidade com que felizmente não deixamos de nos deparar, e que a derrota muitas vezes permite que o façamos mais rápido? As trajetórias de Richard Gasquet e Rafael Nadal parecem, em todo caso, confirmar que às vezes mais vale sair dos trilhos do sucesso, e o quanto antes. De resto, essa será uma oportunidade de testar a própria capacidade de resistência. Com efeito, essa é outra virtude do fracasso: é preciso já ter fracassado para saber que é possível dar a volta por cima. Sendo assim, é melhor começar cedo.

Mesmo na educação nacional encontramos os efeitos perversos dessa ideologia deletéria do *fast track*. Aí, os professores são divididos em duas categorias. Caso só tenham conseguido o Capes (certificado de aptidão para lecionar no ensino médio), eles ministram dezoito horas-aula por semana. Por sua vez, os que conseguem passar no concurso para lecionar na universidade dão catorze horas-aula por semana e são mais bem remunerados. E essa disparidade só tende a aumentar ao longo de toda a sua carreira. Dizer que estamos longe do *fast fail* é pouco… Os que obtiveram apenas o Capes aos 22 anos vão pagar por isso até o fim da vida, trabalhando mais, por uma remuneração mais baixa. Esse sistema é absurdo e nega o próprio valor da experiência.

Logicamente, é nessa mesma França que se espera que os alunos saibam quais estudos querem seguir já no segundo ano do ensino médio, angustiados com a ideia de que sua primeira escolha poderá lhes fechar portas. Eles não têm nem dezesseis anos e já são alertados sobre um erro de orientação. Melhor seria tranquilizá-los dizendo-lhes que às vezes se acha o caminho mais depressa quando se começa falhando, que certos fracassos permitem um avanço mais rápido que o sucesso. Melhor seria lhes falar do dia em que Nadal ganhou ao ser derrotado por Gasquet. Ou lhes contar a maneira como os professores selecionam os candidatos para a faculdade de medicina de Boston: como os alunos que aspiram a "fazer medicina" são muito numerosos, e também são muitos os que aparentam ter todas as qualidades requeridas, os professores privilegiam os candidatos... que já sofreram derrotas. Entre os estudantes mais requisitados: aqueles que iniciaram outros estudos antes de tomar consciência de seu engano e de decidir "fazer" medicina. Com efeito, os professores consideram que esses erros de orientação permitem crescer mais rápido em sua vocação — em suma, se conhecer melhor. Ou, em termos mais simples, eles reduzem também o risco de recrutar alunos que vão perceber, ao cabo de alguns meses, que não querem mais se tornar médicos: como eles já mudaram de rumo uma vez, é menos provável que mudem uma segunda vez.

Os alunos do ensino médio e os estudantes em geral não são os únicos a sofrer com essa ideologia pretensiosa do *fast track*. Para um empresário francês, fracassar é um revés difícil de superar. Na maior parte do tempo, ele será estigmatizado e terá uma dificuldade tremenda para financiar um novo projeto. Nos Estados Unidos, na cultura do *fail fast*, seu fracasso, se interpretado de forma adequada, será visto como uma experiência, uma prova de maturidade, a garantia de que há pelo menos um tipo de erro que ele não tornará a cometer. Ele poderá até conseguir crédito mais facilmente do que se não tivesse fracassado. Na França, é o contrário. Até 2013 existia um arquivo no Banque de France — o arquivo 040 — que listava os empresários que tinham passado por uma liquidação judiciária. Figurar nessa lista era o mesmo que ser marcado com ferro em brasa, ter a certeza de não conseguir nenhum financiamento para um novo projeto. Felizmente uma lei o aboliu, mas as reticências dos banqueiros e dos investidores continuam.

Ter fracassado, na França, é ser culpado. Nos Estados Unidos, é ser audacioso. Ter fracassado ainda jovem, na França, é ter falhado em se colocar nos trilhos certos. Nos Estados Unidos, é ter começado jovem a buscar o próprio caminho.

Por fim, o que esse problema francês revela é que damos importância demais à razão, a esses diplomas que vêm sancionar o triunfo da razão, e com pouca experiência. Filhos de Platão e de Descartes, somos racionalistas demais e pouco empiristas. Não é por acaso que a maior parte dos filósofos empiristas é anglo-saxã: John Locke, David Hume, Ralph Waldo Emerson... Tudo o que sabemos, dizia David Hume, sabemos pela experiência. "A vida é uma experiência, e quanto mais fazemos experiências melhor", haveria de ecoar o norte-americano Emerson alguns séculos depois.

Ora, a experiência do fracasso é a experiência da própria vida. Na embriaguez do sucesso, muitas vezes temos a impressão de flutuar. Afirmamos de bom grado: nem dá para acreditar. No fracasso, ao contrário, nós nos chocamos com uma realidade que não conhecemos e que nos oferece resistência. Aquilo que nos surpreende e arrebata, e que a teoria não pode circunscrever: não temos aqui uma definição da vida? Quanto mais rápido fracassamos, mais cedo a questionamos. É o pré-requisito do êxito.

2

O erro como o único meio para compreender
– uma leitura epistemológica –

A verdade nunca passa de um erro corrigido.
GASTON BACHELARD

O filósofo e poeta Bachelard assim define o sábio: aquele que sabe reconhecer seu erro inicial e encontrar a força para corrigi-lo.

Segundo ele, os grandes cientistas são como nós: começam por se enganar, por conceber ideias erradas sobre as coisas. Assim sendo, puderam acreditar que uma esponja enxuga alguma coisa ou que um pedaço de madeira "flutua". Mas o que os faz cientistas é o fato de não terem se detido nessas primeiras crenças. Eles realizaram experiências para testar-lhes a validade e em seguida tiveram a coragem muito rara de corrigir seu erro inicial ao contato com o real, com as leis da natureza. Compreenderam então que a esponja não enxuga absolutamente nada: são as gotas de água ao seu redor que penetram em todas as suas cavidades. Da mesma forma, o pedaço de madeira não é o agente que se faz flutuar: isso resulta apenas da relação entre sua massa e o volume de água deslocado, definido pelo empuxo de Arquimedes. Daí esta conclusão radical de Bachelard: "A verdade nunca passa de um erro corrigido."

Em sua obra *A formação do espírito científico*, ele faz uma releitura de toda a história da ciência e mostra que nela não existe nenhum sábio que chegue a uma verdade sem antes ter passado pela experiência do erro. Como nos lances decisivos do bilhar francês, o caminho para a verdade não pode ser reto. Nossas primeiras intuições são ingênuas demais para nos desvelar as leis da natureza. Elas mostram como funciona nosso espírito, e não como o mundo funciona. Devemos, pois, constatar o fracasso dessas primeiras intuições para nos aproximar da verdade. É preciso saber — escreve ele — "desorganizar o complexo impuro das primeiras intuições", o que exige esforço e coragem. Mas esse erro corrigido é como um trampolim: ele tem um papel propulsor na dinâmica que leva ao saber. O erro não permite apenas aprender mais rápido: o erro corrigido se torna, para o sábio, o único caminho para descobrir a verdade. Um cientista que não se depara com problemas, que não se depara com o fracasso de sua primeira intuição, nunca descobrirá nada.

Thomas Edison, o fundador da General Electric, registrou ao longo de sua vida mais de mil patentes. Ele inventou tanto o fonógrafo quanto o aparelho que tornaria possível o aparecimento do cinema. Antes de tudo isso, porém, durante o ano de 1878, ele passou noites inteiras em sua oficina em Nova Jersey tentando inventar a lâmpada elétrica. Obcecado por sua pesquisa, dormindo apenas quatro horas por noite, ele tentou milhares de vezes tornar incandescente um filamento de tungstênio dentro de uma ampola cheia de gás. Por que ele não perdeu as esperanças? Por que insistiu em continuar seu experimento? Costuma-se responder a essas perguntas lembrando sua excepcional força de vontade, como se a chave de seu sucesso estivesse apenas na obstinação. O que significa esquecer o essencial: Thomas Edison era fascinado por tudo o que seus fracassos lhe ensinavam sobre as leis da natureza. Ele sabia que era preciso fracassar para triunfar em seguida, que nunca nenhum cientista percebeu uma verdade ao primeiro olhar. Finalmente, Thomas Edison conseguiu fazer funcionar a primeira lâmpada elétrica. O segredo de sua espantosa inventividade reside em sua relação com a realidade. Jamais ele a concebeu como uma simples massa de modelar, como uma oportunidade para expressar sua força. Ele a via, ao contrário, como uma matéria a questionar, um enigma a interrogar, uma fonte inesgotável de deslumbramento.

Sua atitude nos mostra como podemos mudar nosso ponto de vista sobre o fracasso. Mesmo quando o filamento de tungstênio não apresenta nenhuma reação, Thomas Edison não "fracassa": ele consegue tentar. Ele persevera em sua curiosidade. Ele sabe que a única maneira de aproximar-se da verdade é primeiro falhar em compreendê-la.

"Uma grande sequência de experiências bem-sucedidas não comprova nenhuma hipótese, ao passo que o fracasso de uma única verificação experimental a invalida", disse Albert Einstein de forma brilhante. O fato de uma teoria ser corroborada por uma experiência não prova que ela seja verdadeira: aquela que irá invalidá-la talvez não tenha sido feita. Em contrapartida, quando uma experiência a invalida, fica provado que ela é falsa.

Portanto, uma experiência que invalida uma teoria permite avançar de forma mais decisiva no conhecimento do que uma experiência bem-sucedida. "Pouco se aprende com a vitória, mas aprende-se muito com a derrota", diz um provérbio japonês. A perseverança dos cientistas não tem outra explicação. Mesmo quando fracassam em validar suas hipóteses, eles não perdem tempo: eles avançam. Suportam os fracassos porque estes lhes revelam alguma coisa sobre a natureza das coisas.

A virtude do erro é ensinada em todos os laboratórios de pesquisa, em medicina, em neurociência, em biologia, física, astrofísica... À medida que a pesquisa avança, analisam-se os erros, que são considerados normais ou a matéria com que se fazem as verdades. Eis o que contrasta com o lugar que a escola francesa lhe reserva. Embora haja, evidentemente, professores convencidos de que é errando que se aprende, a educação nacional parece ignorar esse fato. Como é possível, depois de ter descoberto a tese tão convincente de Bachelard, compreender o descrédito que se abate sobre os jovens alunos quando não conseguem entender ou simplesmente aplicar os métodos ensinados? Os alunos que erram seus exercícios são muitas vezes apontados com o dedo. Seus maus resultados são interpretados como falta de trabalho, de vontade ou, pior, de inteligência. Esses resultados poderiam muito bem ser considerados como etapas para a compreensão. Seja como for, é surpreendente que o erro seja considerado algo humilhante pela maioria dos alunos franceses das terceiras e quartas séries do ensino fundamental, enquanto os pesquisadores do mundo inteiro o consideram como um ato normal, formador, necessário.

Entre as inúmeras lições que resultam do Pisa (Programa Internacional de Avaliação de Alunos, promovido pela OCDE para avaliar o desempenho escolar nos países membros), está a de que o medo de errar dos jovens franceses é excessivamente alto. Isso se revela em seu comportamento diante das questões de múltipla escolha: ainda que dominem os conhecimentos mais do que a média dos candidatos, eles preferem não responder nada a correr o risco de dar uma resposta errada. Isso porque o erro é muito pouco valorizado na formação que eles recebem, e até considerado como um drama, uma infâmia.

Seria preciso lembrar-lhes que os gênios, os cientistas e também os artistas cometeram erros. Fazê-los descobrir tudo o que eles compreenderam debruçando-se sobre os próprios erros, tudo o que jamais teriam compreendido se não tivessem se enganado. Mostrar-lhes todos os cadernos de pintores cheios de esboços retocados, riscados, rasurados, partituras de compositores eivadas de correções, às vezes riscadas por pura raiva. Quando examinamos os manuscritos de Proust, sobretudo os de seu romance *À sombra das raparigas em flor*, que se encontram na Biblioteca Nacional da França, ficamos impressionados com a quantidade de rasuras, correções, frases modificadas ou deslocadas. A única maneira de chegar a determinadas frases parece ser começar por não conseguir escrevê-las. As mais belas passagens não foram produzidas na primeira redação. Foi preciso falhar e tornar a falhar, falhar cada vez melhor, para finalmente alcançar o objetivo. Com certeza é o que Samuel Beckett quer dizer ao escrever *falhar, falhar melhor*. É sua definição do *métier* do artista; é também o segredo de uma vida bem conduzida.

O tenista Stanislas Wawrinka, vencedor do Roland-Garros em 2015, do Aberto da Austrália e da Copa Davis em 2014, parece ter compreendido isso. Ele mandou tatuar no antebraço esquerdo a citação de Samuel Beckett tirada de *Pra frente o pior*, em sua versão integral: "Sempre tentou. Sempre falhou.

Pouco importa. Tentar novamente. Falhar novamente. Falhar melhor." Indagado sobre as razões de sua escolha, ele respondeu que essa citação de Samuel Beckett sempre lhe servira de guia e que, a seu ver, não havia melhor mensagem de esperança.

Todos esses tropeços no processo de criação artística se assemelham aos erros científicos: eles podem ser desagradáveis, mas são aceitos como etapas necessárias, como outros tantos degraus rumo à obra final. Sem a cultura do erro, essas falhas seriam mais dolorosas. Artistas e cientistas ficariam paralisados, como às vezes ficamos, pelo sentimento do fracasso. Em vez disso, e mesmo que venham a sofrer, eles retomam o trabalho sem mais delongas, apaixonados a cada pequeno passo adiante, olhos bem abertos e o coração cheio de alegria. No fundo, o que transforma um erro "normal" em doloroso fracasso é o fato de vivenciá-lo mal: o sentimento do fracasso. A cultura do erro protege do sentimento do fracasso.

Todo aluno temeroso das ciências deveria aprender que, a princípio, o cientista é alguém que sabe errar, e que o progresso científico, como explica Bachelard, não é senão uma sucessão de correções. Todo aluno paralisado diante de um tema de dissertação de francês deveria dar uma olhada nos manuscritos rasurados de Marcel Proust. De sua parte, os professores, em vez de atormentar os alunos devolvendo-lhes os trabalhos escolares com comentários como "trabalho confuso", ou "medíocre", por que não dão preferência a expressões mais abertas como "faça como Proust, retome seu texto"?

"Errar é humano", diz o provérbio. O sentido que lhe atribuímos habitualmente é o de que o erro não é grave, é "perdoável". Mas ele tem também outro sentido, mais profundo, que elucida a tese de Bachelard: o erro é a maneira humana, caracteristicamente humana, de aprender. Nem os animais, nem as máquinas, nem os deuses — se é que existem — aprendem assim.

A origem desse provérbio é incerta: ele se encontra tanto em autores estoicos, como Sêneca e Cícero, como em autores cristãos, como Santo Agostinho. E em geral se esquece de citá-lo de forma integral: "Errar é humano, perseverar no erro é diabólico." Se, com efeito, o homem só pode aprender através do erro, perseverar nele é fechar-se na ignorância, condenar-se a nunca entender nada.

Um diretor empresarial me disse um dia: "Quando um de meus colaboradores erra uma vez, eu lhe digo muito bem, mas se ele comete uma segunda vez o mesmo erro, eu lhe digo que é um babaca." A princípio, não gostei dessa frase. Achei-a arrogante, quase desdenhosa. Mas isso era esquecer as lições dos grandes artistas e cientistas. Agora ela me parece sábia e espirituosa.

3

A crise como uma janela que se abre
— *uma questão para nosso tempo* —

> *No perigo, multiplica-se também aquilo que salva.*
> FRIEDRICH HÖLDERLIN

A crise como kairós

Muitas vezes vemos o fracasso como uma porta que se fecha. E se ele for também uma janela que se abre?

De todo modo, esse é o sentido etimológico da palavra crise, que vem do verbo grego *krinein*, o qual significa "separar, discriminar". Na crise, dois elementos se separam, criando uma abertura através da qual se pode ver. Os gregos usavam o termo *kairós* para designar esse momento em que o real nos é revelado de maneira inédita, e o termo pode ser traduzido como "ocasião favorável" ou "momento oportuno". Afirmar que a crise é um *kairós* é entendê-la como uma oportunidade de compreender o que estava escondido, de ler o que estava encoberto.

Observamos essa virtude da crise em todos os campos, nas ciências biológicas e na ciência econômica, no âmbito da vida privada e no da política.

Assim, em essência, a história do progresso da medicina é uma história das enfermidades. Foi estudando o corpo em suas crises, em suas disfunções, que os médicos progrediram em seu saber, cada doença nova constituindo uma janela para compreender nosso metabolismo. Foi nos debruçando sobre o corpo humano quando ele não funcionava bem que compreendemos melhor "como ele funciona". É o caso, por exemplo, do diabetes, que levou os médicos a se perguntarem sobre a maneira como o açúcar é produzido em nosso corpo e como sua taxa é regulada no sangue. Sem os diabéticos, só muito depois os médicos teriam descoberto o papel de regulador do hormônio da insulina.

O mesmo acontece com os instrumentos que utilizamos: muitas vezes o "modo erro" é o ponto de partida para uma reflexão, uma compreensão. Ele suscita questões que de outro modo nunca nos teriam ocorrido. Quem nunca se encontrou em campo aberto, abrindo o capô do próprio carro e se perguntando pela primeira vez como um motor funciona? Também nesse caso, é quando algo não funciona que nos perguntamos como funciona. Convenhamos que não nos ocorre essa pergunta quando andamos a toda a velocidade e avançamos tranquilamente numa estrada ensolarada. Entregues à nossa embriaguez, deixamo-nos levar. A sabedoria do fracasso começa com uma primeira pane: o capô se abre como uma janela para o funcionamento do motor.

Da mesma forma, cada acidente aéreo dá ensejo a uma investigação independente (realizada pelo BEA, Bureau Enquête Analyse, Escritório de Investigação e Análise, que investiga todos os acidentes da aviação civil francesa), cujas conclusões são comunicadas ao conjunto dos agentes do tráfego aéreo, e cada um desses acidentes resulta em conhecimentos úteis para a segurança dos voos. Depois do acidente do voo Rio–Paris em 2009, o mais letal de toda a história da Air France, a análise das caixas-pretas mostrou que a falha das sondas Pitot, fabricadas pelo grupo Thales, foi uma causa determinante. Com efeito, a obstrução dessas sondas por cristais de gelo provocou uma perturbação nos indicadores de velocidade. Com isso, os pilotos não puderam reagir de forma adequada quando o avião começou a perder velocidade. A Air France e as outras companhias aéreas trocaram essas sondas em todos os seus aviões. Esse acidente foi o *kairós* de uma melhoria geral da segurança para todos os passageiros.

A história está repleta dessas crises que constituíram outras tantas janelas para o futuro, de momentos trágicos que foram outros tantos *kairós*. O vitorioso desembarque dos Aliados na Normandia em 6 de junho de 1944 é mencionado por todos os manuais escolares de história, muitas vezes sem que se explique o quanto ele deve ao fracasso da operação *Jubilee*, de 1942. Ao alvorecer do dia 19 de agosto de 1942, uma força aliada composta de canadenses e britânicos tentou desembarcar em Dieppe. Foi um fiasco. Dos seis mil homens enviados, quatro mil pereceram ou foram feitos prisioneiros. O erro dos Aliados foi querer desembarcar sem um prévio bombardeio aéreo ou marítimo e atacar frontalmente um porto bem defendido. Foi em meio a essa crise que eles compreenderam que, para ter sucesso, o desembarque aliado na costa francesa deveria ser dissimulado e mesmo precedido de uma manobra diversionista.

Nossas crises existenciais nos dão a mesma lição. Muitas vezes uma crise de relacionamento amoroso constitui uma oportunidade para compreender melhor a que um e outro aspiram, em que bases os dois poderão — ou não — ser felizes juntos. O que é uma depressão senão um convite, particularmente doloroso, para que se abra uma janela para o que não queremos ver? Talvez seja esta justamente a função da depressão: obrigar-nos a parar para nos questionarmos sobre nós mesmos, sobre a distância entre nossa existência e o que queremos dela, sobre o que insistimos em negar, sobre nossos desejos inconscientes. Quantos de nós jamais haviam se perguntado sobre o próprio inconsciente até sofrer esse colapso psíquico? Também nesse caso, parece que a coisa deixa de funcionar para que nos dignemos a nos perguntar "como é que funciona". Os sintomas da depressão indicam que existe, "sob o capô" da consciência, alguma coisa a ser esclarecida, decifrada ou entendida. Talvez seja então o começo de uma aventura salutar, o começo de uma psicanálise que nos tornará mais conscientes de nós mesmos, de nossa complexidade: em suma, mais sábios. A depressão terá sido o *kairós*, o momento de abrir a janela para o enigma de nossa interioridade.

Se as inúmeras crises que marcam a história do capitalismo também parecem janelas que se abrem para a realidade do capitalismo, sua simples repetição parece indicar que não é tão fácil analisar o que elas revelam.

Tomemos, por exemplo, a crise dos *subprimes* de 2008. Propagação rápida e mundial, contágio da crise financeira na economia real, a explosão de uma bolha especulativa que poderia ter sido prevista... Apesar das diferenças, ela se assemelha demais, em muitos aspectos, ao *crash* das bolsas de

1929, para que se possa conceber um progresso da ciência econômica. Os economistas gostariam de ser como os engenheiros aeronáuticos, capazes de aumentar a estabilidade e a confiabilidade de seus sistemas depois de cada acidente. Em seu campo, porém, os progressos são mais discutíveis. Cabe lembrar, então, o quanto devemos nos manter vigilantes, atentos, e encarar as crises como oportunidades de descobertas. O fato de a janela se abrir não é garantia de que vamos compreender o que ela nos mostra.

Quer tenham lugar no corpo ou no psiquismo, no palco da história ou na vida íntima, as crises causam uma ruptura na realidade: de repente se oferece ao nosso olhar o que estava escondido. É isso o que sintetizam estes versos do poeta alemão Hölderlin: "No perigo, multiplica-se também aquilo que salva." Mas ainda é preciso, para poder reconhecer o surgimento "daquilo que salva", saber manter os olhos bem abertos.

Nossa crise coletiva

Meditar sobre os versos de Hölderlin pode ser útil nesses tempos de crise política, social, econômica e principalmente "de identidade" que nosso país atravessa. Nosso sistema de representação não funciona mais: já não conseguimos ter uma ideia do que é a França e, *a fortiori*, a Europa; não confiamos mais em nossos representantes. Cada presidente da República bate o recorde de impopularidade de seu antecessor, e os partidos tradicionais sofrem uma debandada geral de seus militantes. Com muita frequência, é preciso estar no exterior para recuperar o sentimento de ser francês. Mesmo quando vítimas de um ataque terrorista, só somos capazes de uma verdadeira união nacional por poucos dias. A crise dos imigrantes nos faz entrever nossa crise identitária: não sabemos acolhê-los nem rejeitá-los. Continuamos a nos considerar como o país dos direitos humanos, mas acolhemos algumas dezenas de milhares de refugiados, ao passo que a Alemanha acolhe um milhão deles. No entanto, não lhes fechamos as portas completamente, como quis fazer a Áustria. Continuamos a invocar os direitos humanos, mas na prática nos comportamos mais ou menos como a Áustria. Essa esquizofrenia mostra que não sabemos mais quem somos. Perdemos o sentimento de nosso destino comum, da forma como nos colocamos e nos expressamos: no fundo, não sabemos mais o que significa "ser francês".

As crises coletivas também são janelas que se abrem. Como sugere o verso de Hölderlin, elas revelam *ao mesmo tempo* "o perigo" e "aquilo que salva". Ver o momento difícil que atravessamos apenas como o final de nossa grandeza é o mesmo que desconhecer essa verdade ambígua de toda crise. Tornados cegos por nossa inquietação, corremos o risco de esquecer que uma crise é antes um começo do que um fim. Ela é sempre uma mudança de rumo. Voltar os olhos para o passado repetindo "antes era melhor" nos impede de auscultar o coração do perigo e ver surgir aquilo que poderia salvar.

Para conseguir isso, precisamos estar muito atentos e sobretudo não fugir da complexidade do presente para nos refugiar num passado fantasioso, em ruminações vãs ou ressentimentos. Se entendêssemos verdadeiramente os versos de Hölderlin, viveríamos essa crise de outra maneira: ela despertaria nossa curiosidade em vez de estimular nossa morosidade. Iríamos então à janela, inquietos diante do perigo, mas sequiosos de nela descobrir a promessa de uma aurora.

Deixar-se diminuir pela tensão identitária, sucumbindo ao medo, entregando-se à lamentação ou ao passadismo é deixar-se contaminar pela tristeza. Todos os que se limitam a lamentar nossa grandeza perdida e a chorar nossa decadência sem fim gostariam de nos envolver em suas paixões tristes. Nada aborrece mais um espírito melancólico do que uma alma cheia de esperança.

There is a crack in everything, that's how the light gets in, canta Leonard Cohen em "Anthem": "Há uma fenda em todas as coisas, e é por elas que a luz entra." As crises são como essas fendas: filtrando a luz, elas a tornam mais intensa.

E se a verdade do Ocidente — por sua etimologia, a "terra do sol poente" — aparecesse nessa réstia de luz? Em sua aula inaugural no Collège de France, o historiador Patrick Boucheron interroga a verdade do Ocidente e a encontra antes na "luz da decadência" do que no sentimento de uma potência clara e sem nuances. Nosso Ocidente, diz ele, experimentou o sentimento de decadência em todos os grandes períodos de sua história. Especialista em estudos da Idade Média, ele esclarece que os homens daquela época, contemporâneos das guerras religiosas, já tinham dificuldade de dar um sentido positivo à ideia de Europa Ocidental. Eles eram, segundo a expressão de um outro historiador, Lucien Febvre, "os tristes homens do século XVI". Antes deles, a ideia de Europa Ocidental praticamente não tinha sentido algum, a não ser, afirma ele, "o sentido comum do Magreb, que é para os geógrafos árabes o lado do poente e dos maus agouros". "Magreb" (do árabe *al Magrib*) se opunha então a "Machrek", o Levante. "Há sempre um pleonasmo um pouco cômico", acrescenta o historiador, "em falar em declínio do Ocidente, visto que seu nome designa exatamente as regiões da noite que se aproxima." Mas para Patrick Boucheron a verdade e a beleza do Ocidente estão justamente nessa "luz da decadência": num modo de estarmos inquietos que nos engrandece, nessa maneira de duvidar de nós mesmos que indica um grau elevado de civilização.

"Quem é esse nós?", indaga-se Patrick Boucheron.

> Se hoje ele se encontra quebrantado [...] pelo lamentável retrocesso identitário que macula nossa contemporaneidade, é porque o afastam do que constitui o legado mais precioso de nossa história: algo como o mal da Europa. Isto é, o sentimento vivo de uma inquietação de estar no mundo que constitui a poderosa mola propulsora de sua grandeza e de sua insatisfação.

Assim, segundo o professor, o que caracteriza o Ocidente é ter sempre sabido combinar seu brilho com uma forma de inquietação e fazer dessa insatisfação uma força de afirmação humanista. Ele lamenta o fato de que nossa inquietação atualmente nos conduza à tentação do fechamento, à "lamentável regressão identitária".

O que estamos vivendo é mesmo um fracasso. Com efeito, o sol se põe sobre aquilo que fomos. Já não somos mais a terra onde é bom conviver, o país capaz de integrar as diferenças na aventura de uma só república. Nossa voz, que antes se fazia ouvir no mundo inteiro, já não tem a mesma força. Salvo nos campos restritos da moda, do luxo e da gastronomia, deixamos de ser um modelo para os outros povos. Mas esse fracasso pode nos elevar, se nos lembrarmos do quanto nós, ocidentais, somos capazes de revelar nossa grandeza à "luz do sol poente".

Aristóteles já nos advertira: não é fácil apreender o *kairós*. Na mitologia grega, Kairós é um deus calvo, com um minúsculo e grotesco rabo de cavalo. A mão que quer apanhá-lo não consegue, porque desliza em seu crânio liso... a menos que consiga agarrá-lo pelos poucos cabelos. Para isso, é preciso ter golpe de vista e vivacidade; é preciso gostar da dificuldade. É talvez o que nos falta nos dias atuais. Aferrar-se a um passado fictício para defender uma identidade francesa congelada e fechada sobre si mesma, alimentar os temores para recusar as mudanças do tempo — é ceder a essa facilidade. A história o atesta: é mais fácil, e mais perigoso também, jogar com os medos do que despertar a coragem.

Compreender que aí possa haver, ao mesmo tempo, fim e começo, fracasso e promessa, tristeza e alegria — não é coisa fácil. O traço distintivo de uma política autêntica é, para Hannah Arendt, "abrir um tempo novo". De outro modo, ela se confunde com a mera gestão dos negócios triviais. Segundo a autora de *A crise da cultura*, a virtude política, em essência, é a "virtude do começo". Enfrentemos, pois, nossa crise coletiva ousando perguntar: O que *começa*? Mais precisamente: o que começa de interessante? Ceder à tensão reacionária é furtar-se a essa bela questão, propriamente política, na obsessão de outra questão: o que se perdeu? Em sua origem, esta última é, talvez, legítima. Ela deixa de sê-lo quando se torna a única questão. Deixá-la ofuscar todas as outras é ignorar ao mesmo tempo a virtude da crise e a beleza da política.

4

O fracasso como via para afirmar o próprio caráter
— uma leitura dialética —

A dificuldade atrai o homem de caráter, porque é abraçando-a que o homem se realiza.

CHARLES DE GAULLE

Monique Serf deixou Paris em 1950 para tentar realizar em Bruxelas seu sonho de "pianista cantora". Sem recursos e sem relações, ela enfrenta dificuldades para encontrar cabarés que concordem em lhe dar uma chance. Quando por fim consegue, ela tenta interpretar canções de Édith Piaf ou de Juliette Gréco, mas se vê obrigada a parar: as vaias do público são fortes demais. Alguma coisa em sua postura em cena não funciona: uma espécie de austeridade, uma rigidez em descompasso com sua época. Ela volta a Paris em fins de 1951 para uma nova série de audições. Depois de uma tentativa no La Fontaine des Quatre Saisons, um cabaré onde se apresentam Boris Vian e Marcel Mouloudji, oferecem-lhe, por fim, um emprego. Na cozinha. Um trabalho de lavadora de pratos por um ano. Monique o aceita. Ela ainda não se chama Barbara.

Seus fracassos não a desviam de sua vocação. Pelo contrário, é enfrentando-os que ela avalia sua força e afirma sua personalidade. No fundo, nossos fracassos são outros tantos testes para nosso desejo. Podemos nos aproveitar deles para nos perguntar sobre nossas aspirações, para compreender, por exemplo, que fracassamos porque não nos ativemos verdadeiramente àquilo que buscávamos. Ou, ao contrário, como no caso de Barbara, sentir no próprio âmago do fracasso a força persistente de nosso desejo, avaliar o quanto tal aspiração é a grande aposta de nossa vida. Barbara encontrará o sucesso uma dezena de anos depois de ter aceitado o trabalho de lavadora de pratos. Ela virá a compor e interpretar alguns dos títulos mais admiráveis do repertório francês: "Ma plus belle Historie d'amour, c'est vous", "L'Aigle noir", o sublime "Dis, quand reviendras-tu", ou ainda o dilacerante "Nantes". Ouvindo-a, vendo-a em cena, atentando para o sentido de suas letras, adivinha-se que a força de caráter de Barbara forjou-se na adversidade. Quando ela canta "si tu ne comprends pas qu'il te faut revenir, je ferai de nous deux, mes plus beaux souvenirs, je reprendrai ma route le monde m'émerveille, j'irai me réchauffer à un autre soleil, je n'ai pas la vertu, des femmes de marin"[2], sente-se uma força vital que se fortaleceu ao longo de um caminho árduo.

Em "Nantes", Barbara conta sua chegada a essa cidade onde seu pai — que ela perdeu de vista, que abusou dela quando era criança — está morrendo: "esse vagabundo, esse sumido,

---

2. "Se tu não compreendes que precisas voltar, farei de nós dois minhas mais belas lembranças, retomarei meu caminho, o mundo é meu companheiro, irei me aquecer a um outro sol, não tenho a virtude das esposas de marinheiro." [N.T.]

eis que me aparece de novo"... Mas ela chega tarde demais: "Não fiz perguntas a seus estranhos companheiros, não disse nada, mas pelos seus olhares entendi que era tarde demais." Ela começou a compor essa bela canção de tirar o fôlego, de uma infinita dignidade, no dia seguinte ao do enterro do pai. Nessa canção, Barbara evoca aquele homem que, como ela conta em "L'Aigle noir", lhe roubou a infância, mas ainda assim queria "antes de morrer, aquecer-se com seu sorriso". Ele morrerá "sem um adeus, sem um 'eu te amo'". Aquele ou aquela cuja infância foi um manso lago azul não pode compor uma canção como essa. Foi no contato com tais provações que essas letras nasceram. "Nantes" viria a ser um de seus maiores sucessos.

Vivenciar o fracasso é pôr à prova o próprio desejo e se dar conta de que às vezes ele é mais forte do que a adversidade. A trajetória do general Charles de Gaulle do início da Primeira Guerra Mundial ao fim da Segunda é marcada por ainda mais derrotas do que a de Barbara. O "grande Charles" atravessou o período entre as duas guerras com o sentimento do fiasco cravado no corpo. A guerra de 1914-18 "retalhou sua alma", como ele viria a escrever em suas *Memórias*, mas o sentimento do fracasso lhe vem sobretudo de seu longo cativeiro. De março de 1916 ao fim da guerra, ele o privou de combates no momento em que a pátria estava ameaçada. "Parece-me que ao longo de minha vida — quer ela venha a ser curta ou longa — esse desgosto não me deixará jamais", escreve ele à sua mãe em 1º de novembro de 1918. Ele bem que tentou fugir, mas fracassou cinco vezes. Depois da guerra, ele se engajou na Polônia, no exército do Reno ou no Oriente Médio, mas só porque era preciso fazer alguma coisa, sempre com aquele sentimento de ter uma vida abaixo de suas expectativas. Quando publica *Por um exército profissional* em 1934, De Gaulle não passa de um tenente-coronel. Ele espera que essa publicação lhe traga, enfim, o reconhecimento. Ele quer servir à França como escritor e estrategista, por não ter conseguido servi-la como homem de ação. Mas o livro teve uma recepção muito fraca. Mesmo seu apelo de 18 de junho de 1940, lançado pela BBC de Londres quando a França de Pétain capitulou e se dispôs a assinar o armistício, a princípio passara despercebido. É a história que, retroativamente, faz desse livro o início da Resistência. Em 14 de julho de 1940, quando o autoproclamado chefe da Resistência ao inimigo passa em revista, pela primeira vez, em solo inglês, aqueles que a partir dali se chamam de "franceses livres", eles não seriam nem trezentos. Na França vencida e ocupada, prostrada, todos ignoram esse general desconhecido que um conselho de guerra condenará à morte por contumácia. Na melhor das hipóteses, seu apelo parece não ter futuro. Na pior, é suspeito. Charles de Gaulle esperava adesões maciças. Ele não vê chegar nenhum chefe militar, nenhuma personalidade política séria, apenas aventureiros sonhando fazer falar a pólvora, alguns oficiais da reserva e pescadores da ilha de Sein... Quando os Aliados desembarcam na África do Norte, em 8 de novembro de 1942, colocam no poder Henri Giraud, e não Charles de Gaulle. E quando desembarcam na Normandia, em 6 de junho de 1944, têm o cuidado de deixar o general De Gaulle de lado. Foi necessária a presença de dois milhões de parisienses nos Champs-Élysées, em 26 de agosto — vindos para recebê-lo e aclamá-lo como herói — para que os Aliados não tivessem alternativa senão reconhecer o Governo Provisório da República organizado pelo general De Gaulle em princípios do mês de junho.

"A dificuldade atrai o homem de caráter", escreveria ele em suas *Memórias*, "porque é abraçando-a que ele se realiza." Os fracassos tiveram a virtude de formar aquele caráter, prepará-lo para suportar outros fracassos. Eles reforçaram em Charles de Gaulle o desejo de servir à França, alimentaram a força de resistência à adversidade que seria a chave de seu sucesso.

Se ele não tivesse sofrido tantas derrotas durante mais de vinte anos, entre 1914 e 1940, teria sido capaz de suportar a parca recepção que tiveram os apelos que ele lançou de Londres em 18, 22 e 24 de junho?

Sua trajetória lembra a de outro presidente, mas norte-americano, que começou por falir aos 31 anos de idade. Em seguida, aos 32 anos, perdeu as eleições legislativas. Com 34 anos, vai à falência novamente. Aos 35, sofre a perda daquela a quem amava, levada pela doença. Caiu em depressão aos 36 anos. Perdeu as eleições locais aos 38 anos. Perdeu as eleições para o congresso aos 43 anos, depois aos 46 e 48 anos. Aos 53 e aos 58 anos, perde as eleições para o Senado. Aos sessenta anos, finalmente Abraham Lincoln torna-se presidente dos Estados Unidos. É a ele que devemos a abolição da escravatura. Tantas foram as resistências que ele teve de despender uma energia imensa para vencer essa luta que levou à lei da abolição. Podemos nos perguntar, como no caso do general De Gaulle, se não foi a sucessão de derrotas que melhor o preparou para esse último e vitorioso combate pelo qual ele entrou na história.

Conhece-se a tirada de Sacha Guitry: "Eu me ponho de encontro às mulheres, bem de encontro." Parafraseando Sacha

Guitry, poderíamos dizer que é de encontro aos fracassos, bem de encontro, que um caráter se afirma. É de encontro à dificuldade, bem de encontro, que a vida se desenvolve. Resta compreender mais precisamente por meio de que mecanismo.

A filosofia vitalista de Bergson dá uma resposta esclarecedora. Ele mostra que a vida é como uma energia — mais precisamente, "energia espiritual" — que corre através do ser vivo, vegetal, animal e humano, tornando-se cada vez mais complexa à medida que avança. Essa vida encontra obstáculos e deve buscar em si recursos de criatividade para continuar a avançar, dado que a criatividade é, segundo Bergson, a verdade profunda de todo ser vivo. Assim, a hera continua a crescer na pedra apesar dos obstáculos que lhe barram o caminho. Por analogia, podemos interpretar a força vital de que dão mostras Barbara, Charles de Gaulle ou Abraham Lincoln como a expressão de um elã vital que é mais forte do que tudo, perpassa as vidas vegetais e animais, para se condensar de modo excepcional na criatividade dos grandes homens. Essa leitura vitalista é sedutora: se a vida é esse impulso, esse elã, então podemos senti-la ainda mais intensamente quando ela encontra obstáculos.

Mas ela não explica um fenômeno mais particular, comum aos três destinos mencionados anteriormente. Muitas vezes temos a impressão de que Barbara, Charles de Gaulle e Abraham Lincoln tiveram *necessidade* de seus fracassos para ter a plena medida de sua força vital. Não é tanto o fato de seu elã vital ter sido mais forte do que a adversidade: é que o elã se nutriu desta.

A filosofia dialética de Hegel pode nos ajudar a compreender essa verdade. Em toda a sua obra, Hegel nos mostra forças que têm necessidade de que se oponham a elas, necessitam daquilo que as "nega" (é o que Hegel chama de "negação") para se revelarem a si mesmas como forças. Em outras palavras, um espírito precisa de seu contrário para saber quem é. A dialética aponta, pois, para a indissociabilidade dos contrários e para a superação final de sua oposição. Segundo Hegel, observa-se esse processo em todos os níveis da existência. É quando contraponho minha convicção a outra contrária que tomo plena consciência dela: é preciso que uma convicção venha negar a minha para que eu encontre, enfim, todos os argumentos para defendê-la. Aliás, esse é o princípio de uma boa dissertação de filosofia: é preciso que uma antítese venha se opor a uma tese para que esta possa enfim mostrar toda a sua força. O terceiro movimento não é, pois, uma simples síntese, mas uma superação: a tese triunfa, absorve em seu seio os argumentos da antítese. Da mesma forma, é diante do Mal que o Bem adquire todo o seu sentido: é preciso que o Mal exista e venha ameaçar o Bem para que o Bem se erija como tal e se manifeste em toda a sua beleza. Hegel chega a interpretar a criação do mundo por Deus segundo essa visão dialética. Deus é puro Espírito. Portanto, tem necessidade do que é muito diferente dele, a matéria, para tomar consciência de si como Espírito. Por isso ele criará esse "outro" que é o mundo, a natureza, para enfrentá-lo e se assenhorar de si, enfim, como Espírito. O Deus de Hegel é um Deus inquieto, que quer saber quem é: também ele deverá fazer a prova da negatividade.

À luz dessa dialética hegeliana, compreendemos melhor como a força vital de uma Barbara ou de um Charles de Gaulle careceu do "negativo", do fracasso ou da adversidade para se revelar de modo verdadeiro. A força vital se torna então indissociável da adversidade, e sua oposição encontra-se superada, "dialetizada", no próprio movimento da vida. O fracasso é o contrário da vitória, mas é um contrário de que a vitória precisa. Se Hegel estiver certo, se com efeito a dialética determina a verdade de todo o processo, então essa oposição dinâmica pode tornar-se o próprio motor de nosso progresso.

"Eu errei nove mil arremessos em minha carreira. Perdi quase trezentas partidas. Por 26 vezes, confiaram a mim o arremesso da vitória, e eu falhei. Falhei e tornei a falhar em toda a minha vida. É por isso que triunfei", confessa o jogador de basquete Michael Jordan, com inflexões hegelianas. Ele acumula o maior número de títulos da NBA de toda a história dos Estados Unidos, mas quando fala de sua trajetória evoca tanto derrotas quanto vitórias. Ele sabe que o êxito é sempre uma sucessão de derrotas e vitórias, jamais um simples encadeamento de vitórias. Ele sabe que se tornou Michael Jordan quando errou todos aqueles arremessos que poderiam decidir uma partida, que um caráter se afirma na adversidade. De resto, a ausência de derrotas nos priva talvez da possibilidade de afirmar nosso caráter. Sem força de negação, diria Hegel, a força de afirmação não pode dar toda a sua medida. O autor da *Fenomenologia do espírito* iria até mais longe: sem força de negação, não pode haver força de afirmação.

5

O fracasso como lição de humildade
— uma leitura cristã? —

> *Ter sido demitido da Apple foi a melhor coisa que podia ter me acontecido.*
>
> STEVE JOBS

A palavra humildade vem do latim *humilitas* e derivada de *humus*, que significa "terra". Com efeito, fracassar é muitas vezes "descer à terra", deixar de se tomar por Deus ou por um ser superior, curar-se desse fantasma infantil da onipotência, que tantas vezes termina nos pondo contra a parede. É tomar pé, reaprender a se ver como se é, com realismo, o que pode ser um bom trunfo na construção de uma existência bem-sucedida.

Os treinadores esportivos bem sabem que não há nada pior para um campeão do que o orgulho, a impressão de ser intocável, de não poder perder. É fato notório no esporte de alto nível: nada como uma derrota para reacender no atleta sua vigilância, insuflar nele essa ponta de dúvida sem a qual o talento não pode dar toda a sua medida. Muitas vezes é preciso que o atleta pare de acreditar em sua superioridade para que se torne verdadeiramente superior. Ele olhará, então, cada adversário com respeito, não subestimará nenhum deles, não deixará de perguntar-se incessantemente como ganhar. E será graças a essa atitude que ele conquistará as vitórias.

A lição de humildade que a derrota nos oferece é a oportunidade de testar nossos limites, ao passo que o delírio narcísico ou a ilusão de onipotência nos distanciam dessa tomada de consciência.

Todos os artistas e escritores tiveram essa experiência. Quando não conseguem produzir a obra definitiva com que sonham, percebem que não são demiurgos, que sua arte lhes resiste, que não podem tudo. Esse regresso à humildade, acompanhado por um sentimento de fracasso, às vezes doloroso, muitas vezes é o ponto de partida para uma nova aventura criadora, talvez a princípio mais modesta, mas que de todo modo poderá resultar numa obra de qualidade. Fracassando em revolucionar sua arte, eles se concentram no que sabem fazer, o que às vezes é um caminho para reencontrar a inspiração. Tornando-nos mais humildes, o fracasso nos põe num caminho mais seguro. Às vezes é preciso reencontrar a terra para reaprender a almejar o céu.

Antes de ser obrigado a sair da Apple, Steve Jobs tinha se tornado arrogante, ébrio do sucesso fulgurante da sociedade informática que ele havia criado na garagem da casa de seus pais. Em 1980, o faturamento da marca da maçã, criada em 1976, alcança um bilhão de dólares, e sua entrada na Bolsa rende 240 milhões de dólares a Steve Jobs, então com 25 anos de idade. Não obstante, isso o fez perder o controle de sua empresa e também o contato com a realidade. Sem escutar mais ninguém, sem duvidar de si mesmo e sem compreender tudo o que o lançamento desastroso do primeiro Macintosh indicava sobre o gosto dos norte-americanos, recusando qualquer objeção da parte de seus colaboradores, não hesitando em valer-se de uma gerência da humilhação, a princípio foi afastado das decisões, sendo em seguida obrigado a demitir-se, em 1985, pelo novo presidente nomeado pelos acionistas. Sua desgraça foi imensa: ele acabava de ser expulso de sua própria empresa. Mas esse fracasso lhe ofereceu a lição de humildade de que precisava. Foi então que reencontrou a realidade, e com ela o sentido dos obstáculos que nos tornam criativos. "A princípio, não encarei as coisas desse modo, mas agora acho que o fato de ter sido demitido da Apple foi a melhor coisa que podia ter me acontecido", declarou Steve Jobs numa comovente palestra na Universidade de Stanford em 2005. "Isso me libertou e me permitiu entrar num dos períodos mais criativos de minha vida... Foi um remédio terrível, mas acho que o paciente estava precisando muito dele." Essa confissão é do próprio executivo visionário: seu fracasso o "libertou" de sua arrogância e de seu orgulho, e por isso mesmo o tornou criativo novamente.

Muitas vezes imaginamos os criadores como seres todo-poderosos, ogros que desconhecem qualquer tipo de limitação, mas essa imagem oferece uma visão distorcida da criatividade. A criatividade guarda uma relação muito mais íntima com a humildade do que com o sentimento de onipotência. Os grandes criadores sabem que o real existe e é com ele que se confrontam; é o real que eles procuram ordenar e reordenar. Eles sabem que nem tudo é possível.

Steve Jobs, despertado por seu fracasso, concentrou-se naquilo que sabia fazer. Ele fundou a Next, uma empresa de dimensão humana que produz softwares e computadores de primeira linha. O resultado dessa nova aventura foi limitado, insignificante comparado ao sucesso da Apple. Mas permitiu a Steve Jobs uma nova oportunidade de desenvolver seu talento, fruto de uma juventude em que ele passou bolando com o pai adotivo componentes eletrônicos: essa arte de conceber softwares inovadores, capazes de seduzir o grande público. Ele comprou de George Lucas, o criador de *Guerra nas estrelas*, o estúdio Pixar, que viria a produzir, mais tarde, com a Disney, desenhos animados como *Toy Story* e *Procurando Nemo*.

Por essa época, a Apple conheceu uma sucessão de fracassos, devidos principalmente ao sucesso dos PCs que utilizavam softwares da Microsoft. À beira do abismo por falta de softwares inovadores, a Apple teve de comprar a Next e, mais de doze anos depois de ter demitido Steve Jobs, recontratou-o como presidente.

Deveu-se, portanto, à humildade reencontrada, a volta triunfal desse grande executivo à empresa fundada por ele. Foi essa humildade que o fez concentrar-se em seus talentos e desenvolver a empresa de softwares eficientes, de que a Apple terminaria por precisar. Mais uma vez à frente da Apple, Steve Jobs retomou, aperfeiçoando-as ainda mais, as fórmulas que, no princípio, haviam funcionado tão bem: design requintado, facilidade de uso, tecnologia de ponta. Ele se lembrou, também, dessa coisa evidente que seu delírio narcísico o fizera perder de vista: uma empresa não é o brinquedo de um demiurgo, mas uma aventura coletiva. Com suas equipes recompostas, ele lançou o iMac, que teve um sucesso imenso e, de um golpe, tornou obsoletos os velhos PCs. Lançou em seguida uma vasta campanha publicitária — "Pense diferente" — que, como por acaso, punha em cena encarnações históricas da humildade, como Albert Einstein e Mahatma Gandhi. Viriam depois os iBooks, iPods, iPhones, iPads... sempre com muito sucesso. Steve Jobs não cometerá mais o erro de pensar que pode ter razão sozinho. Ele compreenderá que ter razão cedo demais, em termos de mercado, é incorrer em erro.

Os sábios são, em geral, pessoas muito humildes. E não é por acaso: como fracassam o tempo todo, como passam a vida corrigindo intuições erradas, não lhes falta oportunidade de se curar da arrogância ou do fantasma da onipotência. E, diz Bachelard, é justamente pelo fato de saberem aceitar com humildade a sanção do real que eles expandem tanto o saber. Eles dão provas dessa combinação espantosa de coragem e humildade que deveria, segundo o poeta e filósofo francês, constituir o cerne de um humanismo moderno. Embora não sejamos nem Arquimedes nem Newton, podemos nos inspirar neles. O fracasso nos torna humildes, e essa humildade muitas vezes é o primeiro passo para o êxito.

"Não se preocupem com suas dificuldades em matemática", afirmava Albert Einstein, "as minhas são ainda maiores". Sob a capa do humor, o físico nos diz o quanto a humildade funciona como motor do saber. Aquele que tem mais consciência dos limites do saber é também quem mais trabalha para expandi-los.

O judô nos oferece uma bela metáfora da maneira como o fracasso nos torna humildes e, justamente por isso, alimenta a possibilidade do sucesso futuro. Nesse corpo a corpo, cada adversário pode jogar o outro ao chão a qualquer momento. É por isso que os jovens judocas começam por aprender a cair. Isto é, cair bem; sem se estressar, rolando com simplicidade e fluidez, experimentando a queda com uma espécie de assentimento. Essa bela maneira de cair constitui um símbolo perfeito de humildade: o adversário lhe deu um golpe que funciona e o precipita no chão, nessa "terra" que é o tatame. O judoca aceita isso. Melhor: ele tira proveito da queda. Toda vez que cai, aprende um pouco mais sobre seu adversário. Cair é descobrir a eficácia de uma de suas pegadas. Como funcionou dessa vez, o judoca sabe que doravante deverá esquivar-se dela. Quando o judoca se levanta, dispõe de um novo conhecimento. A humildade liga-se estreitamente a uma aprendizagem.

O fracasso nos torna mais humildes, a humildade dá sabedoria, e é essa sabedoria que pode nos fazer vencer.

No fim das contas, pouco importa quantas vezes caímos, pois nos levantamos mais sábios.

É difícil escrever essas palavras sem pensar na *via crucis* de Jesus. Quanto mais Jesus cai, sofre, mais se aproxima de Deus. Essa *via crucis* é o ato fundador do cristianismo. A humildade aqui vai até a humilhação e leva à redenção. Jesus cai abaixo do nível da terra, e é por isso que sobe aos céus. A provação é tamanha que ele chega a duvidar do Pai: "Pai, pai, por que me abandonaste?" Mas essa dúvida é também uma lição de humildade, como se fosse necessário afastar-se da própria divindade para reunir-se aos homens, assumir nossa condição até o fim. Essas últimas palavras seriam então, sob a forma de pergunta dirigida a Deus, o último ato de amor de Jesus pelos seus. Essa provação lhe permite também se elevar ainda mais até tocar a verdade pura da fé: só existe fé na dúvida e contra a dúvida. Crer é duvidar; é suportar a dúvida até o fundo do coração.

"Bem-aventurados os pobres de espírito, porque deles é o reino dos céus", lê-se no Evangelho de Mateus. Esse versículo muitas vezes é interpretado, com ironia, como uma apologia dos simples de espírito, como um convite a não discutir os ensinamentos da Bíblia e a crer sem refletir. Mas há outra leitura, mais profunda. Os "humildes de espírito" podem ser inteligentes: eles simplesmente reconhecem os limites dessa inteligência diante da verdade revelada da Bíblia. Não estamos longe da posição de Albert Einstein quando dizia, no fim da vida: "O maior mistério é o fato de podermos compreender alguma coisa."

São Paulo também conheceu sua *via crucis* e foi um exemplo de humildade. Percorrendo o mundo para levar a "boa-nova" do Evangelho, ele foi espancado, humilhado, encarcerado, e, no entanto, escreveu: "Eu me sinto transbordar de felicidade no curso de minhas peregrinações." É-lhe necessário, como a Jesus, tocar o fundo para tocar o essencial, despojar-se de tudo que é supérfluo para reconhecer aquilo que importa. Ainda que não acreditemos em Deus, podemos acreditar nessa virtude da humildade e nela ver um dos maiores ensinamentos do cristianismo, essa religião cujo Deus se encarnou numa criança, um pequeno ser desprovido de tudo, infinitamente frágil, deitado em uma manjedoura, encontrado no fundo de um estábulo. Um verdadeiro exemplo de humildade.

6

O fracasso como experiência do real
– uma leitura estoica –

O que depende de ti é aceitar ou não o que não depende de ti.

EPITETO

"Meu Deus, dai-me força para aceitar o que não posso mudar, a vontade de mudar o que posso mudar e a sabedoria de saber distinguir os dois": com essa "prece", Marco Aurélio resume a sabedoria estoica. Da mesma forma que determinadas passagens dos livros sagrados, essas palavras são daquelas que têm o poder de mudar existências. Marco Aurélio esteve à frente do Império Romano de 161 a 180 d.C.: a sabedoria estoica é uma sabedoria de ação. O que ela nos diz exatamente? Que é inútil tentar mudar "o que não depende de nós" e também as forças do cosmos em que estamos mergulhados. É melhor usar a própria força para agir sobre "o que depende de nós". Quanto menos tentarmos lutar contra o que não está em nosso poder, mais teremos forças para mudar o que está ao nosso alcance. Se nos exaurirmos querendo mudar o que não pode ser mudado, não seremos capazes nem de agir quando isso é possível.

Embora essa sabedoria pareça sensata, muitas vezes somos incapazes de pô-la em prática. É que somos "modernos" demais. Distanciados dessa sabedoria dos antigos por séculos de progresso das ciências e das técnicas, acalentados desde a infância por fórmulas de "querer é poder", tendemos a acreditar que nossa vontade pode tudo. Impacientes para entrar na luta, muitas vezes pressupomos que tudo depende de nós e fazemos uma ideia equivocada da realidade. Nós a vemos como uma massa passível de ser modelada à nossa vontade. E não serão nossos sucessos que nos convencerão do contrário. Quando temos sucesso naquilo que empreendemos, não estamos em melhores condições para entender a verdade, lembrada por Marco Aurélio, Sêneca e Epiteto, de que às vezes a realidade não se deixa moldar.

O fracasso nos dá a chance de nos rendermos enfim a esta evidência: temos bem diante de nós uma coisa que se chama realidade. Depois de fracassar, mesmo tendo lutado com todas as nossas forças, é difícil negá-la. E de fato nessa realidade há coisas que dependem de mim e outras que não — de outro modo, não teríamos fracassado. A sabedoria estoica começa com essa tomada de consciência, com essa distinção bastante simples, mas muito difícil de apreender quando não fracassamos.

Ora, essa diferenciação muitas vezes está na origem do êxito. O próprio Marco Aurélio nos lembra continuamente, em suas *Meditações*, que é preciso sempre partir desta linha divisória: antes de agir, procurar identificar o que não depende de nós, para não tentarmos mudá-lo. É preciso ter força para não tentar mudar o que não podemos mudar. Ganharíamos tempo e energia consideráveis se fôssemos capazes de nos tornar homens ou mulheres de ação estoicos.

Encontrei muitas vezes dirigentes de empresas que me confessaram ter modificado radicalmente sua maneira de trabalhar no dia em que assimilaram o axioma básico da sabedoria de Marco Aurélio. Em vez de agitar-se em todos os sentidos sem levar em conta as forças que estão em jogo, eles aprenderam a aceitar imediatamente o que não depende deles, para se concentrar melhor no resto; aprenderam a se apoiar antes na estratégia do que no voluntarismo, mais na ação sobre as forças do que na relação de forças. Muitos me disseram que esse método era de uma eficiência formidável nas negociações comerciais. Quando possível, eu os questionava sobre suas trajetórias, sobre o que lhes permitira desenvolver essa sabedoria de ação estoica. Na maior parte das vezes, isso se dava depois de um fracasso.

O contrário da sabedoria é, sem dúvida, a negação do real. Negar o fracasso é a triste garantia de que não se vai tirar nenhum proveito dele. Minha experiência como professor do ensino médio confirma todos os dias: o aluno que recusa seu fracasso, alegando que o professor corrige "de qualquer jeito" ou jogando a prova no fundo de sua mochila para não pensar mais nela, não se dará ao trabalho de refletir sobre o que não funcionou. Em vez de ver o fracasso como um mau momento a ser esquecido o mais rápido possível, devemos aprender a considerá-lo como uma chance de fazer uma pausa numa vida acelerada demais. A negação do fracasso se revela uma recusa a aproveitar essa oportunidade. A sabedoria estoica nos propõe, ao contrário, uma profunda aceitação desse fracasso, que sempre nos ensina alguma coisa sobre a natureza do real.

Segundo Marco Aurélio, o cosmos é um mundo fechado, um vasto "nó cósmico" exposto à ação de forças diversas. Governar, para ele, era tentar desenvolver políticas em consonância com essas forças cósmicas, projetos humanos que se harmonizam com o movimento do mundo. Para poder agir sobre "o que depende de nós", seria preciso, pois, saber lidar com as forças que "não dependem de nós". Sob essa ótica, uma política fracassa quando se choca frontalmente com as forças do cosmos, com o movimento geral do mundo. O fracasso dá, então, uma indicação preciosa sobre a realidade dessas forças, indicação que pode se revelar decisiva para os sucessos futuros. Ser estoico é ser capaz, mesmo em pleno fracasso, desta sabedoria: se perguntar sobre o que o fracasso nos revela sobre o real. É concebê-lo como um encontro privilegiado com o real, quer este remeta às forças do cosmos, às leis da natureza ou às regras do mercado.

Na final da última Copa Davis de tênis, a França enfrentou a Suíça. Para vencer esse torneio é preciso ganhar três das cinco partidas. Depois de ter perdido para Gaël Monfils, o tenista suíço Roger Federer respondeu às tradicionais perguntas de um jornalista. Se a Suíça perdesse a partida seguinte, seria desclassificada. Sempre *fair play*, Roger Federer começou por saudar a excepcional qualidade de jogo de seu adversário. Em seguida, acrescentou uma pequena frase a que ninguém na verdade deu atenção: "Eu perdi, mas agora sei o que queria saber." Ele se referia a uma coisa mental, ao tipo de terreno, à velocidade das bolas, à reação do público, a seu desempenho físico depois de um ferimento recente? Ninguém sabe. O certo é que ele aproveitou a derrota para "saber o que queria saber". Em seguida ele ganhou os dois jogos restantes, o primeiro jogando sozinho, o segundo, em dupla com Stanislas Wawrinka, e com isso a Suíça derrotou a França e ganhou a Copa Davis. Naquela manhã, ao ouvir a frase sibilina de Roger Federer, achei que o número um mundial tinha certo ar estoico.

Nelson Mandela, evocando sua história ao mesmo tempo trágica e exemplar, não dizia outra coisa: "Eu nunca perco, eu ganho ou aprendo."

Convidando-nos cada dia um pouco mais a nos tornarmos estoicos, os fracassos podem também nos ensinar a não nos comprazer na ideia de que fomos injustiçados. Como imperador, Marco Aurélio teve de enfrentar muitos obstáculos e reveses. Mas para ele o fracasso não é justo nem injusto. A sabedoria estoica recomenda a indiferença a esses sentimentos demasiado humanos. As forças do cosmos não são justas nem injustas: elas simplesmente são. Será preciso lidar com elas e até mesmo entrar em seu jogo. Procurar inscrever a própria ação na dança de suas forças. O destino não é justo nem injusto porque ele é mais do que humano. O justo e o injusto não passam de interpretações humanas. Queixar-se do real é fugir dele, refugiar-se num julgamento subjetivo que não leva a nada.

Mesmo sem acreditar nas forças do cosmos nem no destino, podemos aproveitar a ideia dos estoicos de que esse sentimento de injustiça não leva a nada. Pior: ele pode entravar nossa ação ou nossa reação. Temos a liberdade de não acrescentar ao real, à dificuldade ou ao fracasso esse sentimento inútil de injustiça. A vida é somente a vida, e já é bastante: ela não precisa ser justa para ser digna de ser vivida.

De resto, os terapeutas, psicólogos e psicanalistas confirmam que os pacientes começam a melhorar quando param de se considerar vítimas de uma injustiça, quando começam a aceitar sua vida tal como é, isto é, dizer "é assim mesmo". Não um "é assim mesmo" amargo e cheio de ressentimento, mas um "é assim mesmo" rico de decisão e de coragem, um "é assim mesmo" sonoro, em que se sente uma força vital. Não se trata mais de "é assim mesmo, eu não tenho sorte", mas "é assim mesmo: cabe a mim construir a partir disso". É assim mesmo, a realidade é isso: não seria a menor das virtudes do fracasso nos dar essa força, verdadeiramente estoica, de afirmação daquilo que é e que não depende (ou não depende mais) de nós.

Ray Charles perdeu a visão aos sete anos de idade, e sua mãe morreu quando ele tinha quinze. Antes, ele assistira à morte por afogamento de seu irmão mais novo. "Eu tinha de escolher", conta ele, "ficar numa esquina de bengala branca e pires na mão ou fazer tudo para me tornar músico". Afirmação eminentemente estoica, que ecoa este dito de Epiteto: "O que depende de ti é aceitar ou não o que não depende de ti." O simples fato de afirmar "eu tinha de escolher" já é revelador. Ray Charles não desperdiçou suas forças lamentando a sorte. Ele aceitou a cegueira que não dependia dele para dedicar-se a se tornar o músico e cantor de gênio a quem devemos "What'd I Say", "Hit the Road Jack" e também "Georgia on My Mind". Ele soube aceitar, como verdadeiro estoico, a diferença entre o que não dependia dele (a perda da mãe, de seu irmão e da visão) e o que dependia (cultivar seu talento, compensar a cegueira com uma memória prodigiosa). Talvez ele até tenha sido impulsionado por essa força de aceitação para se tornar Ray Charles. "Eu sou cego, a gente sempre encontra alguém em situação pior do que a nossa, eu podia ter nascido negro!", brincou ele um dia com um jornalista. Ray Charles foi capaz, diante da adversidade, desse grande "é assim mesmo" isento de toda e qualquer resignação, cheio de vida, de humor, de alegria de viver. Ele não disse "isso não é justo". Ele disse sim à realidade, um sim semelhante ao "grande sim à vida" do Zaratustra de Nietzsche. A mesma forma de aceitar aquilo que é. O mesmo gesto estoico: não lamentar o que não pode ser mudado, fazer tudo para mudar o que pode ser mudado. Assim, a aceitação estoica nada tem de resignação. Ela é uma afirmação, uma aprovação do que é. Diante de um fracasso, como diante de um revés, a questão não é saber se é justo ou injusto, mas se podemos extrair daí uma sabedoria; se podemos tomar isso como base sobre a qual construir outra coisa.

Se és capaz de suportar a destruição da obra de tua vida
E, sem dizer palavra, te pores a reconstruir,
Ou de perder de um só golpe o ganho de cem partidas
Sem um gemido e sem um suspiro...

Assim se inicia o famoso poema de Rudyard Kipling, "Se", que termina com: "Tu serás um homem, meu filho."

Também esses versos são cheios desta sabedoria estoica: é preciso saber perder para se tornar um homem. Perder e se pôr a reconstruir. É inútil protestar contra o real. Pior: é improdutivo. Isso nos toma a força tão necessária para a reconstrução e nos desvia da realidade. "Nem sorrir, nem chorar: compreender", já escrevia Espinosa, com laivos estoicos, em sua *Ética*.

Há algo disso nesse poema de Kipling. "Sem dizer palavra, pôr-te a reconstruir": sem dizer que é injusto, sem cobrir o real com uma camada de lamúria. "Sem um gesto e sem um suspiro": com a força estoica daquele que sabe que se encontra em meio ao cosmos, minúsculo, e que não mudará a ordem das coisas, mas que deve saber lidar com o que lhe é superior em força.

Quando o fracasso se dá, não depende mais de nós. Só depende de nós a forma de lidar com ele. Podemos chorar nossa sorte "injusta". Ou ver o fracasso como uma oportunidade de encontrar o real, um convite a se tornar cada dia um pouco mais estoico. Ray Charles tinha razão: está em nosso poder escolher.

7

O fracasso como oportunidade de reinventar-se
— uma leitura existencialista —

> *Quando se toca uma nota, só a seguinte indicará se ela foi certa ou errada.*
>
> MILES DAVIS

"A existência precede a essência": essa afirmação de Sartre parece complicada, mas não é. Ela significa apenas que somos livres para existir, para nos reinventar e nos corrigir ao longo de nossa história de vida. E que é precisamente essa história que vem antes, e não uma "essência" que seria, por exemplo, o que Deus, nosso genoma ou nossa classe social nos destinaria a ser. Com essa afirmação, que está no cerne de sua filosofia existencialista, Jean-Paul Sartre se coloca na classe dos filósofos do devir. Também Nietzsche, em *Assim falou Zaratustra*, retoma a sentença de Píndaro: "Torna-te aquilo que és." Com efeito, para chegar a isso, para conseguir afirmar a própria singularidade, muitas vezes é preciso todo o tempo de uma vida. Precisa-se da aventura e das provações, ousar abrir mão do conforto do hábito.

Os filósofos do devir contrapõem-se aos filósofos da essência, que se concentram menos na história do indivíduo do que em sua verdade imutável, aquilo que os cristãos chamam de "a alma", Leibniz de "a substância" e Descartes de "o eu". Na verdade, essa oposição remonta aos primeiros tempos da filosofia, aos sábios anteriores a Sócrates, chamados de "pré-socráticos": a Heráclito e Parmênides. De um lado, Heráclito, pensador do devir que usa a metáfora do rio para simbolizar o movimento universal: "Não podemos nos banhar duas vezes no mesmo rio." De outro, Parmênides, pensador da essência, que define Deus como "o Uno imóvel e eterno". Em nossa tradição, Parmênides levou a melhor sobre Heráclito. Heraclitianos como Nietzsche e Sartre são minoria. Os grandes filósofos — Platão, Descartes, Leibniz... — situam-se em geral no campo de Parmênides: acreditam mais na essência do que no devir. Isso é um problema quando se pensa na virtude do fracasso. Se nossos fracassos nos ajudam a nos transformar, com efeito pode ser perigoso ver neles uma revelação de nossa "essência". É pelo fato de acreditarmos que o fracasso nos dá uma resposta sobre aquilo que *somos* que vivemos mal. Encarar o fracasso de outra forma é achar que ele nos indaga sobre aquilo que poderíamos vir a ser. Acreditar que o fracasso pode nos ajudar a nos recuperar, a nos reorientar, a nos reinventar é tomar o partido de uma filosofia do devir, é escolher Heráclito contra Parmênides.

Ora, nossos fracassos podem ter a virtude de nos tornar disponíveis, de facilitar uma mudança de rumo, uma guinada existencial que terá resultados favoráveis. Às vezes, seu sentido se materializa nessa direção nova que eles dão à nossa vida. Essa é outra virtude do fracasso: ele não nos torna necessariamente mais sábios, mais humildes ou fortes, mas apenas disponíveis para uma coisa totalmente diferente.

Se Charles Darwin não tivesse fracassado sucessivamente em seus estudos de teologia e medicina, não teria embarcado naquela viagem de longo curso tão decisiva em sua vocação de cientista e na compreensão dos mecanismos da evolução.

O jovem Charles Darwin começou um curso de medicina na Escócia porque seu pai, que era médico, queria que ele seguisse seus passos. Revoltado contra os métodos brutais dos cirurgiões e achando os cursos teóricos tediosos, ele ficou por certo tempo observando os pássaros pela janela, mas terminou por largar a faculdade. Em seguida se matriculou no Christ's College de Cambridge para estudar teologia, com o objetivo de ser tornar pastor anglicano. Contudo, como não conseguia se interessar por essa disciplina, preferindo montar a cavalo e colecionar coleópteros a escutar os sermões sobre Deus, mais uma vez desistiu do curso. Dois fracassos sucessivos que não lhe ensinaram nada de essencial sobre o corpo humano nem sobre a verdade de Deus, mas que o tornaram disponível para uma aventura que de outra forma ele nunca teria tentado. Darwin resolveu embarcar num navio por dois anos. As sirenes do *Beagle* ressoaram no porto de Woolwich, no Tâmisa. Foi lá que tudo começou. Sua vocação nasceu nessa viagem, observando as espécies com que o navio cruzava. Eis o que os estudantes do ensino médio obcecados com a ideia de escolher uma carreira deveriam saber. Todos deviam ler os diários da viagem a bordo do *Beagle* escritos por Charles Darwin.

Antes de começar a escrever o primeiro volume das aventuras de Harry Potter, Joanne Rowling, que ainda não se chamava J.K. Rowling, sofrera um duplo fracasso, sentimental e profissional. Abandonada pelo marido e tendo perdido o emprego na Anistia Internacional, ela se viu de volta a Edimburgo, sem dinheiro, com sua filha pequena. Se não tivesse a irmã para acolhê-la, estaria na rua. Dominada por um violento sentimento de fracasso existencial, ela contaria mais tarde — muito depois do sucesso fenomenal das aventuras de Harry Potter — que foi ao chegar ao fundo do poço que encontrou uma nova base. Em sua vida de antes, as restrições impostas pelo trabalho assalariado e pela família obrigaram-na a abafar sua vocação de escritora. Quando muito, ela lhe dedicava um pouco de tempo, na hora do almoço, antes de voltar às reuniões de trabalho. Então ela mudou a maneira de encarar seu fracasso e começou a ver nele uma oportunidade de mudar de vida. Nem por isso as coisas foram simples. Sem recursos para pôr a filha numa creche, ela só podia escrever à hora da sesta e à noite. Nos pubs de Edimburgo era comum ver aquela jovem mãe de aspecto cansado preencher cadernos, ao mesmo tempo em que dava atenção à filhinha adormecida no carrinho de bebê ao seu lado. Os fregueses do The Elephant House, onde escrevia regularmente, achavam que ela ia trabalhar ali por não dispor de aquecimento em casa. Pouco antes do divórcio, ela perdera a mãe, vítima de esclerose múltipla. Seu personagem principal se impôs por si mesmo: um jovem aprendiz de feiticeiro que também sofrera a perda de parentes próximos. Terminado o livro, ela apresentou os primeiros capítulos a um agente literário, que os devolveu imediatamente. Ela encontrou outro agente, e os dois tiveram de suportar uma dezena de recusas de editores. Quando por fim conseguiu publicar o livro, que teve o sucesso que todos sabemos, compreendeu que aquilo que a princípio lhe pareceu um tremendo fracasso na verdade lhe serviu de estímulo para tomar um caminho mais de acordo com seus interesses; em contrapartida, sua vida de antes, aparentemente mais "realizada", na verdade a desviara do melhor caminho.

Se Serge Gainsbourg tivesse conseguido se tornar o pintor que gostaria de ser, jamais teria composto as melodias para Brigitte Bardot, Juliette Gréco, France Gall, Isabelle Adjani e Jane Birkin. Muitas vezes esquecemos da crise que ele sofreu quando, destruindo todas as suas telas, desviou-se de seu sonho de pintor para se dedicar a essa "arte menor" que era, para ele, a canção. Pintor que se equiparava a André Loth e Fernand Léger, passou a tocar e compor música por uma questão de sobrevivência, ao perceber que não poderia viver de pintura "antes de cinquenta anos". Foi essa renúncia, experiência bastante dolorosa para ele, que lhe permitiu dedicar-se à música. Seu fracasso como pintor não apenas o tornou disponível para a canção, mas provavelmente também o libertou. Comparada à pintura, que ele punha acima de tudo, "a arte menor" da canção era sua verdadeira aposta. Jovem pintor figurativo em tempos de arte abstrata, ele se impôs uma exigência máxima: ser um gênio ou nada. Como compositor e cantor, ele adotou uma atitude oposta. Fez a música do momento, mudou de estilo ao sabor das épocas e compôs para os outros, procurando fazer músicas de sucesso, sem jamais se livrar do sentimento de fracasso existencial. Mas foi justamente graças a essa flexibilização que ele exprimiu todo o seu talento. Seu caso, portanto, é um pouco diferente do de Charles Darwin e J.K. Rowling: o fracasso lhe permitiu mudar de caminho, mas também lhe proporcionou uma forma de desprendimento, sem dúvida encoberto por uma sombra de amargura, que viria a conferir uma nota especial a suas composições e o tornaria famoso. Assim, seu fracasso como pintor tem um duplo papel em seu sucesso como autor, compositor e intérprete.

Num livrinho cult — *A arte cavalheiresca do arqueiro zen* —, Eugen Herrigel explica que é no momento em que está enfim relaxado que o atirador atinge o alvo; uma mínima tensão basta para fazê-lo errar o tiro. "O tiro só tem a precisão necessária quando surpreende o próprio arqueiro", escreve ele, e em seguida explica: "O que o estorva é sua vontade muito voltada para um fim."

Ao compor para France Gall "Poupée de cire, poupée de son" em 1965, e ganhar o Festival Eurovisão da Canção com essa música ligeira, Serge Gainsbourg assemelha-se a esse arqueiro: excelente porque desprendido. E desprendido porque livre da obsessão de ser o novo Van Gogh. Basta escutar "Vielle Canaille" ou "Des Vents des pets des poums" para compreender que, com efeito, a atitude de Serge Gainsbourg para com a canção é diferente de sua atitude em relação à pintura. Basta escutar "La Javanaise" ou "La Chanson de Prévert" para compreender que o fracasso do pintor Gainsbourg, ao contrário do que ele às vezes supôs, não o condenou a um destino de fracassado. Ele o libertou.

A princípio vistos como becos sem saída, certos fracassos constituem, *in fine*, antes abertura de horizontes que impasses. Atentando para essas trajetórias de vida, lembramos a metáfora do rochedo proposta por Sartre em *O ser e o nada:* "Esse rochedo que opõe uma resistência profunda quando quero deslocá-lo será, ao contrário, de grande valia se desejo escalá-lo para contemplar a paisagem." Dado que existimos no tempo e podemos pensar em novos objetivos para nossa ação, temos o poder, escreve Sartre algumas linhas mais adiante, de fazer do "obstáculo" do rochedo um "auxiliar" para um novo projeto. Isso significa ressaltar a força de nosso espírito, de nossa representação. O conceito central do existencialismo sartriano é o "projeto". Existir não é desfrutar de uma verdade imutável e eterna, mas projetar-se continuamente no devir. Ao nos defrontarmos com a barreira do fracasso, podemos mudar nossa maneira de nos projetar e fazer dele uma placa de sinalização.

Em San Francisco, em 2009, realizou-se uma série de conferências internacionais sobre o fracasso, que depois se tornaram praticamente obrigatórias no Vale do Silício. A ideia dessas *failcon* (de *fail*, fracasso, e *con*, abreviação de conferência), cujos vídeos são amplamente compartilhados na internet, é ouvir depoimentos de empresários ou esportistas sobre o que eles devem aos seus fracassos. Aí eles contam como suas derrotas os despertaram, revelaram, alimentaram ou conduziram e mesmo orientaram para a ideia que lhes traria o sucesso, para um caminho que a princípio nem mesmo tinham considerado. Esses conferencistas que narram sua experiência muitas vezes têm a idade de seus irmãos mais velhos quando concluíram seus estudos e não tinham experiência alguma. Basta escutar algumas dessas palestras para compreender em que medida as mudanças da economia virtual, e, com elas, o novo tipo de empresários que se requer, implicam uma valorização inédita do fracasso e da capacidade de reinventar-se.

Alguns aspectos dessas *failcon* podem provocar uma irritação perfeitamente justificável: regras para tomar a palavra, psicologia flagrantemente positiva, final feliz obrigatório. Com efeito, os que ali vão testemunhar seus fracassos sempre falam no tempo passado... Mas é verdade que nessas conferências, que agora se fazem também na França, embora sem o mesmo sucesso, descobrimos histórias, trajetórias cheias de reviravoltas, guinadas, encruzilhadas. Homens e mulheres que não se definem pelo que são, mas pelo que fizeram, que não procuram mostrar a qualidade de sua intenção principal, mas seu senso de adaptação ou de reinvenção. Às vezes temos a impressão de que todos eles leram Sartre, que escreve em seu *O existencialismo é um humanismo*: "Um homem é apenas a soma de seus atos."

Com esse conceito, o existencialismo francês se opunha à filosofia da intenção de Kant, pela qual o valor de um ser se mede pela qualidade de sua intenção. Ouvindo os relatos de todos esses empresários sobre a maneira como seus reveses lhes abriram os olhos e os conduziram a novos projetos, compreende-se melhor por que a "psicanálise existencialista" concebida por Sartre teve mais aceitação nos Estados Unidos do que na França. Sartre propôs uma estranha forma de psicanálise, antifreudiana, baseada na ideia de que é inútil convidar o indivíduo a avaliar o peso de seu passado, o determinismo inconsciente de sua história familiar. É melhor explorar com ele a multiplicidade de seus projetos possíveis, buscando aquele que poderá dar cores novas à sua vida presente.

Muitos são os empresários que viram no fracasso uma oportunidade para seguir um novo caminho. Numa dessas conferências, o executivo francês Jean-Baptiste Rudelle contou a história do sucesso estrondoso de sua empresa Criteo. Tudo começou nos fundos de uma saladeria em Paris. Sua ideia inicial era criar um sistema de indicação de filmes e artigos de blogs. Mas o fracasso de sua *startup* o levou a utilizar a tecnologia desenvolvida numa direção totalmente diferente: vender publicidade centrada na internet. Em poucos anos, a Criteo, inicialmente uma empresa minúscula no XIII distrito de Paris, entrou na Nasdaq, em Wall Street, onde atualmente é avaliada em 2,41 bilhões de dólares. O grande achado de seu fundador foi descobrir o que não estava funcionando e, a partir daí, mudar completamente a visão e projetar-se de outra maneira no futuro.

Da mesma forma, muitas vezes são fracassos de assalariados que abrem caminho para o empreendedorismo. O japonês Soichiro Honda foi recusado em sua entrevista de emprego na Toyota, quando se candidatou ao cargo de engenheiro. Ele ficou um bom tempo desempregado, quando então teve a ideia de fabricar e comercializar motocicletas por conta própria: assim nasceu a Honda.

Ser existencialista é saber que, de todo modo, uma vida não basta para esgotar todas as possibilidades. Mas não podemos deixar passar em branco muitas delas.

A morte se afigura tanto mais intempestiva quanto se considera a vida não como essência ou valor eterno, mas como "projeto". Ser existencialista é temer que o sucesso de uma trajetória nos submeta a ela e nos conduza até o fim de nossa vida sem que saibamos quem somos. Contra a visão mais corrente, ser existencialista é valorizar o fracasso como uma abertura do campo dos possíveis: no final das contas, fracassar mais é existir mais.

A vida profissional de Jean-Christophe Rufin é uma bela ilustração dessa tese aparentemente paradoxal. Aliás, sua trajetória poderia dar uma esplêndida *failcon*, capaz de surpreender a todos os que nos apresentam sua história como uma sucessão linear de êxitos.

Rufin começou como médico trabalhando em hospitais, fundou a organização Médicos sem Fronteiras, depois dirigiu a Ação Contra a Fome. Tendo se tornado embaixador da França no Senegal, depois em Gâmbia, seus livros conquistaram um grande público, e ele ganhou o prêmio Goncourt por *Rouge Brésil* em 2001. Entrou na Academia Francesa em 2008 e se tornou seu mais jovem membro. Mais recentemente, teve grande sucesso com o relato de sua viagem a Compostela, *Immortelle Randonnée* [Caminhadas imortais]. Diante dessa enumeração, pode-se ter a impressão de que ele transformou em ouro tudo aquilo em que tocou. A realidade é outra. A cada vez, ele mudou de caminho depois de um fracasso ou de uma decepção. Quando compreendeu que não era mais possível, no sistema hospitalar atual, ser médico no sentido em que queria ser, voltou-se para a ação humanitária. Tendo sido um dos primeiros a reconhecer certos impasses da ação humanitária, passou a dedicar-se à atividade política. Foi por ter se chocado contra sua incapacidade de evoluir num mundo político, feito de limitações, de opressão e dominado pela dissimulação, que se dedicou a escrever. E quando, escritor, alcançou todo o reconhecimento possível — prêmios Interallié, Goncourt, Academia Francesa... —, ainda sentiu necessidade de tomar o caminho de Compostela para espairecer um pouco e não cair na "enfatuação do ser", o aprisionamento numa essência de que fala Sartre.

Quando os músicos de Miles Davis receavam tocar errado, ele às vezes tinha ataques de fúria. Ele lhes lembrava, com sua voz grave, que não há erro pior do que não querer cometer erro nenhum. O criador de *Birth of the Cool* e de *Kind of Blue*, que reinventou continuamente sua música, tinha esta fórmula genial: "Quando se toca uma nota, só a seguinte indicará se ela foi certa ou errada." Resumo fulgurante da sabedoria existencialista do fracasso: não existe nota errada em termos absolutos. O *jazzman* tem a liberdade de produzir uma bela dissonância, de inseri-la no movimento geral da composição, na história que ela conta, no ritmo de sua música. Aliás, Sartre gostava de jazz. Em *A náusea*, os raros momentos em que Roquentin se livra de seu mal-estar são instantes de emoção musical. Nossa existência é como uma peça jazzística. Acreditar que a nota errada existe em termos absolutos é agir como se o tempo não existisse. É esquecer que navegamos no rio do devir, não no céu de nossas ideias eternas.

8

O fracasso como ato falho ou acidente fecundo
— uma leitura psicanalítica —

Em todo ato falho há um discurso bem-sucedido.
JACQUES LACAN

O fracasso como ato falho

Afinal de contas, a que Charles Darwin aspirava? A ser médico como o pai ou a abrir, de forma pioneira, um novo caminho na história da ciência? Não foi o fracasso em medicina que lhe permitiu atingir seu verdadeiro objetivo? Mas, então, não teria ele desejado esse fracasso?

Soichiro Honda foi de uma mediocridade desconcertante em sua entrevista de emprego para o posto de engenheiro da Toyota. Suas respostas foram anódinas, indignas dele, mas lhe permitiram realizar seu desejo mais profundo, do qual ele ainda não tinha consciência: fundar sua empresa. É tentador ver nisso, em retrospectiva, um ato falho, no sentido da psicanálise freudiana: um ato que é ao mesmo tempo falho e bem-sucedido. Falho do ponto de vista da intenção consciente. Bem-sucedido do ponto de vista do desejo inconsciente. O ato falho, diz em síntese Freud, é o inconsciente que consegue se exprimir. No lapso, que é um ato falho da linguagem, falhamos em formular aquilo que pretendíamos exprimir, mas nosso inconsciente se manifesta com sucesso. A lógica que nos convida a desconfiar da força de desejos secretos — tanto por trás de nossas palavras quanto de nossos atos — é a mesma. E por trás de nossas falhas, a eficácia de uma estratégia inconsciente.

Para compreender até que ponto nossos fracassos podem exprimir desejos inconscientes, é preciso voltar à maneira como Freud revolucionou a concepção do sujeito humano, mostrando que sua vida psíquica se dividia em três "lugares", que ele chama de "tópicas": o *ego*, o *id* e o *superego*. "O eu não é o senhor de sua própria casa", adverte ele. Com efeito, a soberania do *ego* é duplamente ameaçada: pelo que está "abaixo" e pelo que está "acima". Pelo que está abaixo: pela energia psíquica inconsciente do *id*, por todas as pulsões recalcadas desde a infância e que buscam voltar. Pelo que está acima: pelas injunções tirânicas do *superego*, ideal social e moral do *ego* que também é, em grande parte, inconsciente. Portanto, o inconsciente é uma energia ativa, dinâmica, que procura se manifestar, aproveitando-se para isso, quando necessário, do ato falho. Essa energia pode também ser tanto a do *id* quanto a do *superego*. Através dos atos falhos podemos exprimir tanto agressividade recalcada quanto belas ambições que não nos dispomos a confessar. Um marido "erra" o gesto de carinho e bate no rosto da esposa. Se se tratar de um ato falho, nesse caso é seu *id* que consegue satisfazer-se: o homem tinha o desejo inconsciente de maltratar a esposa. Quando, porém, ele vai mal numa entrevista de emprego porque aspira a algo muito melhor do que aquele cargo, é o *superego* que se manifesta. Nos dois casos, há um fracasso e um sucesso ao mesmo tempo — simultaneidade, explica o fundador da psicanálise, de uma insatisfação consciente e de uma satisfação inconsciente.

Muitas vezes nos queixamos de esquemas repetitivos. Continuamos a fazer as coisas que nos desagradam e nos espantamos de não conseguir mudar. É que, apesar da insatisfação consciente, tiramos dessas repetições uma satisfação inconsciente. Um ato falho resulta dessa lógica sintetizada pelo psicanalista Jacques Lacan: "Em todo ato falho há um discurso bem-sucedido." Esse discurso bem-sucedido é o do inconsciente, que exige ser interpretado, decifrado.

Michel Tournier fracassou várias vezes no concurso para a cátedra de filosofia. A repetição desse fracasso lhe fez mal. Mas em seguida ele se tornou um dos maiores romancistas franceses do século XX, autor de clássicos como *Sexta-feira ou A vida selvagem* e *O rei dos álamos*, que lhe dará, em 1970, o prêmio Goncourt, por unanimidade. Poderíamos simplesmente pensar que o fracasso na filosofia acadêmica o reorientou para seu sucesso como romancista e que ele nunca teria tempo ou mesmo vontade de escrever *O rei dos álamos* caso tivesse passado no concurso para professor universitário. Mas podemos também levantar a hipótese de que seu verdadeiro desejo era antes se tornar um romancista popular do que fazer carreira universitária, e que seus fracassos no concurso para a cátedra de filosofia são outros tantos atos falhos.

Aliás, inspirados por essa ideia de ato falho, os psicólogos propõem um exercício para nos ajudar a superar nossos fracassos: "Não considere mais seu fracasso como um acidente: considere-o como a manifestação de uma intenção oculta." O resultado é muitas vezes surpreendente: a situação se apresenta a nós sob um ângulo completamente novo. Evidentemente, relutamos em aceitar o que se revela, mas isso é próprio do inconsciente: não queremos saber. Não queremos ver o *id*. Quando um fracasso é um ato falho, ele nos pede para abrir os olhos. E, se ele se repete, é talvez porque insistimos em mantê-los fechados.

Assim, a psicanálise nos diz que existem fracassos que são ao mesmo tempo êxitos. E nos diz também o contrário: há sucessos que na verdade são fracassos, quando constituem uma traição a nós mesmos, cujo preço um dia haveremos de pagar. Essa traição a si mesmo pode levar à depressão, que é outra forma de fracasso, passível de ser interpretada como um ato falho.

Pierre Rey era diretor de periódicos, principalmente de *Marie-Claire*, e autor de best-sellers como *O grego* e *Bleu Ritz*. No auge da riqueza e do sucesso, caiu numa depressão severa: incapaz de trabalhar, de amar, de assumir responsabilidades, e logo também de dormir e até de comer. Ele conseguira tudo o que desejara, vivia rodeado das mais belas mulheres, de amigos generosos, passava a vida em palácios. Então, por que a depressão? Ele começou uma longa psicanálise com Jacques Lacan, de que ele fala em seu livro *Temporada com Lacan*. Ao longo das sessões, ele compreendeu que todos os sucessos na verdade o haviam distanciado de seu desejo profundo, que era produzir um livro de verdade. Não um daqueles romances para ler na praia, como os que ele desovava para alimentar a máquina do sucesso, mas um livro de verdade, com um trabalho de escrita, um estilo, um propósito. Um livro que não fosse de mero entretenimento, mas que ajudasse o leitor a viver, que acrescentasse uma pedra, ainda que pequena, ao edifício da sabedoria humana. Na verdade, seus sucessos fáceis na imprensa, nas prateleiras das livrarias e mesmo nas salas de cassino o haviam desviado de seu caminho. Assim, a depressão tinha uma função: mostrar seu desejo traído. Obrigá-lo a parar de "ter sucesso", e até a simplesmente parar, para finalmente reencontrar o caminho de seu desejo. Incapaz de trabalhar devido à profunda depressão, atormentado pelo sentimento de uma existência vã, ele retomou pouco a pouco a busca íntima que a embriaguez do sucesso o fizera negligenciar. De forma comovente, *Temporada com Lacan* é a prova de que ele voltou a ser fiel a si mesmo: trata-se, com efeito, de um livro excelente, uma bela reflexão sobre a psicanálise, o desejo, o difícil ofício de viver. E constatamos ser sua obra mais permanente, agora que ninguém mais lê seus massudos best-sellers. Foi preciso, pois, que ele fracassasse e sofresse uma depressão para reencontrar o caminho de seu desejo: que o traísse, para poder voltar a se aproximar dele. Seu fracasso existencial foi um ato falho: através deste, sua aspiração profunda logrou se exprimir.

Essas reflexões sobre o ato falho e a depressão nos permitem ressaltar um equívoco na maneira anglo-saxã de encarar o fracasso. Nela, este muitas vezes é apresentado como passível de ser superado pela simples perseverança, pela mera força de vontade. O que significa esquecer que a primeira virtude do fracasso é nos lembrar dos limites de nosso poder. Afirmar que "querer é poder" é uma bobagem e ao mesmo tempo um insulto à complexidade do real. Acontece até de fracassarmos pelo fato de termos "desejado" demais e questionado de menos aquilo a que aspiramos: então a depressão vem indicar que a vontade se extraviou, se tornou autônoma, sem ligação com o que o sujeito deseja de verdade. Ela impõe ao sujeito parar de querer, para poder recuperar a capacidade de entender o próprio desejo. Realizar-se na vida não é querer a todo preço: é querer mantendo-se fiel ao próprio desejo. O fracasso pode ser o ato falho que nos aproxima dessa fidelidade.

O fracasso como acidente fecundo

Que esses fracassos sejam na verdade êxitos é o que também testemunham todos os produtos que foram verdadeiros fracassos antes de se tornarem verdadeiras estrelas do mercado. A história desses acidentes afortunados — atos falhos no sentido próprio — ilustra, à sua maneira, o quanto um fracasso pode ser ao mesmo tempo um êxito.

O exemplo mais famoso é o das irmãs Tatin, que tinham, na cidadezinha francesa de Lamotte-Beuvron, um restaurante muito apreciado pelos caçadores. Certo dia, uma das irmãs se deu conta de ter se esquecido de pôr a massa em sua torta de maçã. Ela pusera na fôrma apenas maçãs e açúcar, levara para cozer, e agora devia servir a sobremesa. Então teve uma ideia: abriu o forno, pôs a massa por cima das maçãs e deixou assar por alguns minutos. Os caçadores adoraram aquela torta crocante e caramelizada. Errando a receita, ela acabava de inventar a torta Tatin — uma torta de maçã que não tinha dado certo.

O mesmo aconteceu na descoberta do Viagra: pesquisadores do laboratório Pfizer queriam tratar anginas com uma substância química, citrato de sildenafila, mas erraram o alvo. A substância não produzia o efeito esperado, e sim um efeito secundário imprevisto: fortes ereções. Eles tinham falhado em tratar a hipertensão arterial pulmonar, mas acabavam de descobrir o remédio para a impotência que os homens buscavam havia séculos.

O caso dos marca-passos, menos conhecido, é igualmente revelador. A princípio, na Universidade de Buffalo, no estado de Nova York, um engenheiro queria criar um aparelho destinado a registrar os batimentos cardíacos. Procurando uma resistência, ele mergulhou a mão em sua reserva de componentes elétricos, mas errou de modelo. Assim, o aparelho, em vez de registrar os batimentos cardíacos, emitiu impulsos elétricos. Ele se perguntou então se esses impulsos não podiam regular o ritmo cardíaco. Acabava-se de inventar o marca-passo. Cinco anos depois, passaria a ser comercializado. Esse aparelho falho salvará milhares de vidas.

Vivemos cercados de objetos, consumimos produtos que nasceram de fracassos, e nem ao menos sabemos disso. As cafeteiras Nespresso invadiram nossas cozinhas, revolucionaram nossa maneira de tomar café — um sucesso mundial associado à imagem de George Clooney pedindo, com uma xícara entre os dedos, *what else?* Não obstante, a Nestlé teve um primeiro fracasso tentando vender aos restaurantes essas máquinas automáticas que permitem servir expressos de qualidade. Então eles tiveram uma ideia nova: visar o mercado dos empregados de escritórios, em vez de restaurantes. Foi mais um fracasso, maior e mais desastroso do que o primeiro.

A ideia de comercializar máquinas com cápsulas teve de ser abandonada. Finalmente a Nestlé deu uma última chance a esse produto, oferecendo-o aos lares. Foi errando o alvo duas vezes que as cafeteiras Nespresso encontraram seu público.

Há muitos outros exemplos de sucessos derivados de fracassos: o champanhe, que surgiu de um acidente no curso da preparação, um vinho que deu errado, muito açucarado e ácido; a Orangina, originária de um resíduo de polpa que os fabricantes não conseguiam descartar; da mesma forma, o pão de especiarias, o velcro, o Post-it e até mesmo as *bêtises* [bobagens] de Cambrai que, como o nome indica, foram inventadas por ocasião de um erro do filho do confeiteiro — outros tantos atos falhos que também se revelaram bons achados.

***

O conceito de serendipidade, traduzido do inglês, designa a capacidade de encontrar o que não estávamos procurando. Cristóvão Colombo não pretendia descobrir a América. Ele aspirava a abrir um novo caminho marítimo para as Índias ou para a China. Buscava um caminho mais curto do que o de Marco Polo, um atalho. Ele errou por dez mil quilômetros — "luminoso erro" que o levou à ilha de San Salvador, antecâmara do Caribe, que por sua vez era antecâmara do continente americano. A América, assim como a receita da torta Tatin e o marca-passo, foram descobertos por serendipidade.

Quando, no divã, se entende de repente o sentido de um dos atos falhos, de um dos lapsos ou sonhos, é também por serendipidade. Não é procurando que se acha, mas dizendo as coisas como vêm à mente, associando ideias de forma livre. Não é desejando ardentemente compreender o sentido do sintoma que o paciente o conseguirá.

Em todos os casos, a serendipidade só é possível numa situação de relaxamento, distante de toda tensão voluntarista, num momento, ainda que muito breve, em que se deixa as coisas correrem soltas. Isso se aplica ao caso do paciente no divã, ao das irmãs Tatin e ao do inventor do marca-passo. Portanto, para que o fracasso se torne virtuoso, basta acolher o que vier. Não temos de fazer nenhum esforço de vontade. Pior, esse esforço poderia nos privar da virtude do fracasso. Para os filhos do voluntarismo ocidental que somos, isso não é fácil de entender.

9

Fracassar não é ser um fracassado
— por que o fracasso faz tanto mal? —

A boa notícia é que o homem é uma ponte, não um fim.
FRIEDRICH NIETZSCHE

Confrontados com a dor do fracasso, muitas vezes temos a impressão de que não valemos mais nada. Visto que vivemos num país em que a cultura do erro é muito pouco desenvolvida, confundimos "ter fracassado" com "ser um fracassado". Nós tomamos o fracasso de nosso projeto como o de nossa pessoa. Em vez de analisar o lugar desse erro em nossa história, que começou antes dele e continuará depois, nós lhe atribuímos um valor absoluto e essencial. Em suma, não somos suficientemente existencialistas.

Retomando a metáfora de Miles Davis, é como se parássemos a música na "nota errada" e a embalsamássemos, sem lhe dar a chance de achar seu lugar, de soar em toda a duração do trecho musical. Como se paralisássemos o tempo no pior momento.

Em toda a sua obra, Sigmund Freud nos adverte contra os efeitos de uma identificação excessiva — com a mãe ou com o pai, com o chefe de estado totalitário ou com o fracasso pessoal.

Identificar-se por muito tempo com um dos pais é proibir-se de crescer, comprazer-se na regressão. Um filho se constrói porque ele muda continuamente de figura de identificação: é nesse "jogo" que ele aprende a dizer "eu", a assumir a própria singularidade.

Identificar-se com um chefe de estado totalitário, como Stálin ou Hitler, é aderir à sua visão ou aos seus delírios, abdicar do próprio senso crítico a ponto de arriscar-se a se tornar cúmplice do pior.

Identificar-se com o próprio fracasso é desvalorizar-se a ponto de se deixar vencer pelo sentimento de vergonha ou de humilhação.

Toda identificação excessiva comporta uma dimensão letal, uma fixação. Ora, a vida é movimento. É essa verdade heraclitiana que esquecemos quando nos concentramos em nosso fracasso.

Para lidar melhor com o fracasso, podemos redefini-lo desde já. O fracasso não é o de nossa pessoa, mas o de um encontro entre um de nossos projetos e um ambiente. Evidentemente, é preciso procurar saber por que esse encontro deu errado. Talvez estivéssemos adiante de nosso tempo, como Steve Jobs quando lançou o primeiro Macintosh. Talvez nosso projeto tivesse falhas. Nesse caso, nosso fracasso é bem "nosso", mas não o de nosso "eu". Nós podemos e devemos assumi-lo, mas sem nos identificar com ele.

De todo modo, é difícil definir o que seria o núcleo desse "eu". Na perturbação do fracasso, às vezes temos a impressão de não saber mais quem somos. O fracasso nos faz mal porque ele vem romper nossa carapaça identitária, nossa imagem social, a ideia que fazíamos de nós mesmos. Já não nos reconhecemos. Como um diretor-geral de uma empresa outrora florescente que pede concordata, ou um diretor de cinema acostumado a grandes bilheterias e cujo novo filme sai de cartaz dentro de uma semana — de repente perdemos nossas referências. Mas talvez isso seja uma boa notícia. Às vezes só a experiência do fracasso permite medir o quanto a identidade social nos reduz, nos separa de nossa personalidade profunda, de nossa complexidade. Para superar nossos fracassos, é preciso, pois, redefinir o "eu": não mais um núcleo fixo e imutável, mas uma subjetividade plural, sempre em movimento.

"A boa notícia é que o homem é uma ponte, não um fim", escreve Nietzsche em *Assim falou Zaratustra*.

Existir é viver debruçado como uma ponte para o futuro, para os outros, mas também para essas dimensões de nós mesmos que não conhecemos, para os caminhos que ainda não percorremos e que o fracasso pode nos abrir. Nós sofremos mais com nossas falhas quando nos esquecemos dessa verdade.

Enfim, se o fracasso nos fere tanto é porque ele é pensado pelos grandes filósofos de nossa tradição ocidental de modo culpabilizante. Nem Descartes nem Kant dedicaram livros ao fracasso, mas encontram-se em suas obras passagens sobre as causas do erro ou as razões da falha.

Descartes apresenta o homem como um ser dotado de duas faculdades principais mal ajustadas: um entendimento limitado e uma vontade ilimitada. Segundo Descartes, nosso entendimento logo esbarra em seus limites, mas sempre podemos querer mais. Para esse crente que é o autor do *Discurso sobre o método*, é pelo poder de nossa vontade que nos assemelhamos a Deus. Cada vez que queremos e acreditamos ter atingido nosso teto, descobrimos que podemos querer mais. Para Descartes, essa vontade sem limites é a marca do divino em nós. O "querer é poder" vem principalmente dele. Nessa perspectiva, ser humano é andar sobre duas pernas de tamanhos diferentes: uma curta (nosso entendimento) e uma muito comprida (nossa vontade). Reconheçamos que a coisa não é fácil. Para começar, o que significa "enganar-se" para Descartes? É não conseguir manter nossa vontade dentro dos limites de nosso entendimento. Quando, num jantar regado a bebidas, falamos sem pensar, falamos além do que sabemos, nós nos enganamos porque não usamos nossa vontade de forma correta. Como essa vontade é o que nos define como filhos de Deus, enganar-se significa não estar à altura daquilo que Ele nos legou. "Nós sabemos que o erro depende de nossa vontade", afirma categoricamente Descartes em *Princípios da filosofia*. Difícil formular de modo mais culpabilizante.

Segundo Kant, nós deixamos de nos comportar bem quando não sabemos escutar nossa razão. Essa faculdade, insiste ele, é suficiente para nos permitir distinguir o Bem do Mal. Contra Rousseau, que baseava a moral no coração, na sensibilidade, o autor da *Crítica da razão prática* vê em nossa razão a origem de nossa moralidade. O imperativo moral não tem nada de complicado. Pode-se sintetizá-lo assim: "Age sempre de modo que a máxima de tua ação possa ser erigida em lei universal." Em outras palavras, para sabermos se nossa intenção é boa, basta nos perguntar como funcionaria a comunidade dos homens se todos aplicassem a mesma máxima de ação que nós. Por exemplo, os homens poderiam viver juntos se agissem de conformidade com a máxima "lutar sempre contra a inclinação natural para a vingança"? Sim, de fato eles viveriam muito bem. Portanto, é moral comportar-se dessa forma. Qualquer um pode entender esse raciocínio. Quando não conseguimos agir como seres morais, a responsabilidade é toda nossa.

Segundo Descartes, nossos erros seriam imputáveis a um mau uso de nossa vontade. Nossas faltas, segundo Kant, se explicariam por uma fraqueza de nossa razão. Impossível, nesses dois casos, não se culpabilizar: nossa faculdade principal, que é própria da humanidade, é posta em xeque todo o tempo. O erro ou a falha se tornam faltas imperdoáveis contra o essencial. Fracassar, segundo Descartes e Kant, é simplesmente falhar em ser humano.

Estamos longe da sabedoria de Lao-Tsé, pai do taoísmo, que já no século VI a.C. afirmava: "O fracasso é a base do êxito."

10

Ousar é arriscar-se ao fracasso

> *Impõe tua boa estrela*
> *Abraça tua felicidade*
> *E busca teu risco.*
>
> RENÉ CHAR

Na origem de todos os belos êxitos, há sempre quem tenha corrido riscos, aceitando, portanto, a possibilidade do fracasso. Ousar é, em princípio, arriscar-se ao fracasso.

Partindo para Londres, Charles de Gaulle correu o risco do fiasco. Xavier Niel, quando pensou em passar o telefone, a internet e a televisão pelo mesmo "tubo", correu o risco de perder tudo. Todo artista, na hora de tentar qualquer coisa nova, aceita a possibilidade de não conseguir. A beleza de seu gesto está nisso.

É possível passar a vida inteira sem jamais ousar nada, optando por coisas razoáveis, esperando sempre que as células das tabelas do Excel estejam preenchidas de modo correto. Mas a que preço? Agir assim é renunciar a qualquer êxito relevante e falhar em conhecer-se de verdade. Mesmo quando nossa audácia não é coroada de sucesso, ela ainda constitui a prova de que temos o senso do risco, de que somos capazes de decisões verdadeiras e não simplesmente de "escolhas" lógicas.

Decisão e escolha: esses dois termos parecem sinônimos, mas não são. É preciso conhecer a diferença entre eles para aproximar-se do segredo da audácia.

Tomemos uma situação em meio à qual hesitamos entre uma opção A e uma opção B. Se ficar evidente, depois de uma análise racional, que a opção B é melhor do que a outra, então a escolhemos. Essa escolha é fundamentada, explicável, portanto não há nada a decidir. Mas se, apesar da análise, continuamos em dúvida, não temos argumento, mas sentimos que é preciso optar pela B, então *decidimos* por isso. A decisão exige um salto para além dos argumentos racionais, uma confiança na própria intuição. É exatamente quando o saber não basta que devemos decidir — do latim *decisio*: ação de separar, discriminar. Uma decisão é sempre audaciosa: por definição, ela implica a possibilidade de fracasso. Engajar-se na Resistência para salvar seu país é uma decisão, não uma escolha. Criar a Tesla Motors, como fez o empresário norte-americano Elon Musk, apostando que dentro de cinquenta anos todos os veículos serão elétricos, é uma decisão, não uma escolha. Tentar uma passada[3] ao final de uma partida de tênis, também.

A decisão, afirmava Aristóteles, deriva mais de uma arte do que de uma ciência; de uma intuição, mais do que do trabalho de uma razão analítica. Isso não significa que seja irracional: ela pode basear-se num saber, mas sem se reduzir a este. Aristóteles ilustra isso referindo-se aos médicos e aos capitães de navios. Ambos são competentes, mas quando há urgência, diante do

---

3. Passada: no tênis, lance em que um jogador, posicionado junto à rede ou no meio de seu lado da quadra, consegue passar uma bola válida pelo adversário, sem que este a alcance. [N.T.]

risco de morte de um paciente ou em plena tempestade, eles devem decidir sem perder tempo com um exame completo da situação, encontrar a coragem de tomar a decisão no escuro.

Falando numa arte da decisão, Aristóteles se opõe a Platão, que foi seu mestre, e pensou a decisão como uma ciência, segundo o modelo da escolha racional. A República ideal devia, segundo Platão, ser dirigida por um "filósofo rei" que governasse à luz de seu saber superior. Como a decisão só tem sentido para compensar as limitações de um saber, esse filósofo rei não *decidiria* jamais. Suas escolhas políticas seriam a consequência lógica de sua ciência. Para Aristóteles, ao contrário, o grande homem deve ser capaz de ultrapassar os limites de seu saber, ousando atos intuitivos, decisões. Essa maneira de entender o julgamento faz do político antes um artista do que um rei sábio.

Também nesse aspecto, parece que aqui na França somos platônicos demais. Assim, nossos institutos de estudos políticos foram rebatizados como "Sciences Po", e não "escolas da arte política". De "Sciences Po" à ENA [Escola Nacional de Administração], verifica-se o domínio de uma mesma ideia da ciência política e administrativa. Trata-se de formar antes tecnocratas do que tomadores de decisões. Os altos funcionários que estarão à frente das grandes empresas deverão tomar decisões maiores, tendo recebido formação centrada exclusivamente em competências técnicas. Na maior parte dos casos, eles terão feito cursos longos e ricos, mas sem terem assistido a uma só aula sobre a decisão — sua natureza e complexidade, suas relações com a experiência, a intuição, o risco. Nessas condições, como desenvolver uma visão humanista do fracasso?

Compreender a diferença entre decisão e escolha pode também nos ajudar a suportar melhor a angústia associada ao ato de assumir riscos. Essa angústia que sentimos no momento de "separar, discriminar", é normal. Melhor: ela é o sinal de que temos algum poder sobre o mundo.

"A angústia é o embargo reflexivo da liberdade por ela mesma", explica Sartre em *O ser e o nada*. Quando não temos nenhuma possibilidade de ação, ficamos desesperados, não angustiados. A angústia nos pega quando temos de tomar uma decisão difícil, que será preciso assumir: na verdade, o que nos assusta é nossa liberdade. Toda a aposta de uma existência é evitar se deixar paralisar por essa angústia. Quantas ambições malogradas e vocações falhadas porque no momento de ousar ficamos paralisados por medo do fracasso? O medo do fracasso nos paralisa quando queremos fazer de nossa vida uma série de escolhas racionais. Mas ele se torna suportável quando entendemos que uma vida que envolve decisões comporta sua cota de erros, de esperanças frustradas e de oportunidades perdidas.

A audácia não nos liberta do medo: ela nos dá a força para agir apesar dele. O audacioso não é o temerário, cabeça quente que não tem medo de nada e busca entregar-se ao seu furor de viver correndo os maiores riscos. O audacioso conhece o medo, mas faz dele uma mola propulsora. Procura reduzir o risco ao máximo, mas sabe correr o risco restante: ele "tenta a sorte" com conhecimento de causa. O temerário ama o risco, o audacioso tem o senso do risco.

Uma vida vivida de forma autêntica, afirma Nietzsche, exige tal senso do risco. Assim se explica o "torna-te o que tu és" com o qual Zaratustra tenta tirar os homens de seu torpor conformista. Torna-te o que tu és: ousa tornar-te ti mesmo, assume tua singularidade no coração dessa sociedade que, por definição, valoriza as regras. Não é de surpreender que tenhas medo: para funcionar, a sociedade exige submissão às normas. Freud não dirá outra coisa em *O mal-estar na civilização*, um pequeno livro explosivo publicado em 1929: o que é bom para a sociedade não é o que é bom para o indivíduo. O que é bom para a sociedade: a repressão, pelos indivíduos, de sua própria singularidade associal. O que é bom para o indivíduo: a expressão dessa singularidade. Daí o "mal-estar", próprio de toda civilização, que dá título à obra e que nunca poderá ser completamente dissipado. Daí a dificuldade de "tornar-se o que se é" e o medo que se apodera de nós no momento decisivo da audácia.

Mas nós podemos controlar esse medo, diz Nietzsche. "Torna-te o que tu és", ninguém fará isso por ti. Pelo menos tenta, porque, mesmo que fracasses, terás vencido: tu fracassarás de uma maneira só tua. Não há risco maior do que o de não tentar e ver a morte aproximar-se sem saber quem se é.

Muitos dos executivos que encontro em minhas palestras têm um mesmo perfil. Depois de estudos bem-sucedidos numa escola de comércio ou de engenharia, ingressaram numa grande empresa e aí fazem carreira há cerca de quinze anos. Têm em torno de quarenta anos e, sem maiores atropelos, sem terem corrido riscos sérios, sem terem cometido nenhum erro grave, encontram-se num posto elevado, ganham a vida bem, mas com o sentimento difuso de terem passado ao largo da própria existência. Eles muitas vezes me confessam que outra pessoa poderia ter feito o trabalho que eles fazem. A frase de

Nietzsche os fascina, e com boas razões: seu cotidiano não lhes dá ocasião para "se tornarem o que são".

Quando há essas trocas de experiências, a palavra que mais ouço é *process*. Ela ganha, de longe, dos termos *management*, recursos humanos e iniciativa. Ela está na boca de todos no tempo reservado para as perguntas do público, principalmente depois de eu ter feito a apologia do senso do risco ou da criatividade. Esses executivos frustrados por não poderem "se tornar o que são" aparecem como as vítimas colaterais do triunfo dos *process*. Embora esses processos de racionalização das tarefas sejam, a princípio, necessários, noto que eles mudaram de função. Eles não deviam ser senão meios, mas se tornaram um fim. No momento das avaliações anuais, esses executivos são observados não apenas em função da realização de seus objetivos, mas também da maneira como os atingiram, isto é, em função dos procedimentos. Na era do triunfo dos *process*, a criatividade é um grande defeito, e o fracasso, uma prova de incompetência. Há exceções, mas a tendência geral nas multinacionais francesas é no sentido da desvalorização da iniciativa e, pois, do risco.

Ouvindo todos esses executivos que confessam seu estado de confusão, seu sentimento de inutilidade, e vendo-os tão insatisfeitos, temos uma noção de quanto a vida que nada arrisca definha pouco a pouco. Alguns vão se acomodar à sua situação, encará-la como um ganha-pão e buscar alhures ocasiões para se sentirem vivos. Outros tomarão coragem para mudar de rumo, alguns deles se tornarão empresários para se sentir renascer. Outros enfim se deixarão dominar pela depressão, rebatizada apressadamente de *burn-out*, esgotamento. Eles não sucumbem por excesso de trabalho, como se costuma dizer, mas porque trabalham alienados de si mesmos, de seus talentos pessoais, de sua possibilidade de expressão. Se seu *métier* lhes permitisse realizar-se, eles poderiam trabalhar ainda mais sem sofrer esgotamento.

Paga-se um preço pela ação, mas a inação é ainda mais cara. É o que demonstram todos esses casos de depressão entre executivos. Bons alunos desde sempre, eles morrem pouco a pouco, pelo fato de não ir ao encontro do risco.

"A vida se empobrece e perde o interesse no momento em que, nos jogos da vida, não é mais possível arriscar o lance supremo", adverte Freud em suas *Cinco lições de psicanálise*. Eis a verdadeira ameaça: à força de não correr o risco do fracasso, simplesmente malograr a própria vida.

"Impõe tua boa estrela, abraça tua felicidade e busca teu risco." Esse "tu" usado por René Char em *Les Matinaux* [Os madrugadores] é o mesmo do de Zaratustra em sua fórmula "Torna-te o que tu és". O "tu" de uma voz que não se deixa cobrir pelo "a gente" da norma e dos *process*. Um "tu" que tenta a sorte e até a impõe, que corre o risco de fracassar para conseguir tornar-se o que é.

O empresário britânico Richard Branson não tem o perfil constante, sem altos e baixos, como alguns grandes executivos. Primeiro homem a atravessar o Atlântico num balão inflável (ele é também o mais velho kitesurfista — 61 anos! — a atravessar a Mancha), desenvolveu sua marca Virgin em campos tão variados como companhias aéreas, transportes ferroviários, cadeias de distribuição, telefonia móvel e turismo espacial. Conhecido na França por suas Virgin Megastores, é admirado por sua audácia, como a que demonstrou ao quebrar o monopólio da British Airways, criando a Virgin Atlantic. E, como todo audacioso, fracassou diversas vezes.

Convencido de que havia um lugar entre a Pepsi e a Coca-Cola, ele lançou com grande pompa a Virgin Cola em 1994, mas depois interrompeu sua comercialização. No início da era da internet, teve a ideia inovadora de criar uma gama de produtos cosméticos para serem vendidos on-line, em lojas e em grandes eventos privados. As perdas foram consideráveis. Ele quis fazer concorrência à Apple lançando, três anos depois do primeiro iPod, um Virgin Pulse que mais parecia um cronômetro do que um leitor de MP3. Foi um acidente industrial. A lista não para aí: ousar é correr o risco do fracasso.

Aliás, sua aventura como empresário começou com um fracasso. Pouco depois de ter fundado, aos 21 anos de idade, sua primeira gravadora de discos, foi condenado por sonegar o imposto sobre valor agregado, chegou a passar uma noite na prisão e teve de pagar uma multa tão grande que sua mãe foi obrigada a hipotecar sua casa. Esse revés o obrigou a aprender a gerir uma empresa e também, para poder pagar as dívidas, desenvolver sua gravadora em ritmo acelerado. Ele assinou contrato com os grandes astros da década de 1980: Peter Gabriel, Human League, Phil Collins...

Ouvir Richard Branson falar de seus fracassos é muito instrutivo. A propósito da Virgin Cola, ele reconhece, com um sorriso, ter desafiado um poder mais alto do que o seu. Sobre a Virgin Pulse, Branson explica que compreendeu, desde o segundo em que viu seu leitor de MP3, que ele não era Steve Jobs. E ele continua a sorrir. Tem-se a impressão de que fracassar não o desagrada, que seus fracassos, mais do que seus sucessos, dão relevo à sua audácia. "Os audaciosos não vivem muito", ele afirmou, "mas os outros não vivem nada". Versão bransoniana de nosso provérbio francês: "A sorte sorri aos audaciosos." Ela lhes sorri porque eles a desafiaram: eles desafiaram a si mesmos, desafiaram o próprio talento.

Em muitos aspectos, Xavier Niel é o Richard Branson francês. Seus pontos comuns são impressionantes: carência de diplomas, primeira aventura empresarial antes dos dezoito anos, passagem rápida pela prisão, incursão na telefonia móvel... Como seu homólogo inglês, Xavier Niel demonstrou uma audácia de pioneiro e deu alguns golpes de mestre. Jovem, ele cria o Minitel, o primeiro catálogo telefônico reverso (3615 ANNU), que permitia achar o nome a partir do número. Seu método permite ter uma ideia de seu estado de espírito: sem acesso à totalidade do catálogo telefônico Bottin, ele aproveita, de maneira solerte, mas legal, uma falha da France Télécom para obter dados. Com efeito, à época, os três primeiros minutos de conexão eram gratuitos. Xavier Niel decide então recuperar o conjunto das coordenadas fazendo rodar ao mesmo tempo várias centenas de Minitel. Compreende-se por que a operadora histórica não morre de amores por ele... Em 1999, ele lança Free, o primeiro sistema de acesso gratuito à internet, e obtém sucesso. Mas Niel não se contenta com isso. Ele já tem na cabeça a ideia do *triple play* que viria a ser, mais tarde, a Freebox[4]. Ele parte para os Estados Unidos em busca da "caixa mágica", convencido de que um inventor do Vale do Silício já havia pensado nisso. Mas

---

4. Freebox é um modem oferecido pela empresa francesa Free aos seus assinantes. Além de conexão com a internet, o aparelho fornece serviços de imagem, som e telefonia. [N.E.]

não foi o caso: de Palo Alto a San Francisco, nenhum sinal de tal "caixa". Xavier Niel e seus sócios se propõem um desafio, enquanto andam na escada rolante dos estúdios da Universal: já que ela não existe, vamos inventá-la! A Freebox nasceria um mês depois, invenção revolucionária, totalmente francesa, oferecida ao preço de 29,99 euros por mês. Os assinantes se arremessarão sobre esse produto inovador que a concorrência se apressará em copiar. Em 2012, com o lançamento do Free Mobile, ele realiza sua mais bela operação: uma oferta comercial ultra-agressiva, com acesso ilimitado, por 19,99 euros, e outra por dois euros. Já no primeiro dia, um milhão de franceses fazem uma assinatura. Hoje eles são seis milhões.

Xavier Niel ousou sempre. Tomou decisões bem ao seu estilo. Nos quatro casos citados (3615 ANNU, Free, Freebox, Free Mobile), se ele tivesse analisado racionalmente a situação e esperado ter certeza do sucesso para agir, não teria agido. E, logicamente, como Richard Branson, como todos os verdadeiros tomadores de decisões, ele teve sua cota de fracassos: immobilier.com, emploi.com...

De origem humilde, o *geek* de Créteil parece ter compreendido o segredo da ação, que o filósofo Alain resume com humor: "O segredo da ação é... agir."

No fundo, é preciso conseguir fracassar.

Mesmo que não seja para tirar lições do fracasso. Simplesmente para ter a prova de que somos capazes de sair do esqueminha do Excel. Para descobrir que é mais gostoso viver assim. Dessa forma, o verdadeiro fracasso seria nunca ter fracassado, o que significaria que nunca ousamos.

Isso vale tanto para um indivíduo quanto para uma sociedade: o sentido do risco é o que dá vida a uma civilização. Ora, em 2005, por iniciativa do presidente Jacques Chirac, foi o princípio da prudência que se integrou à Constituição da França. O cuidado com o meio ambiente é legítimo, mas tal modificação do texto fundador da República não tem muita chance de nos tornar mais audaciosos. Muitas coisas grandes são possíveis sem o princípio da prudência. Nenhuma o é sem o sentido do risco.

11

Como aprender a ousar?

Uma viagem de vinte léguas começa com o primeiro passo.

Lao-Tsé

Quando um esportista ousa um golpe de mestre, é porque aprendeu grande número de gestos simples. É preciso repetir e tornar a repetir para se permitir sair da repetição.

Zlatan Ibrahimovic se destacou por gols incomuns, que pareciam derivar tanto do futebol como das artes marciais e das brigas de rua. Tive a oportunidade de assistir, no estádio Parc des Princes, em Paris, a uma partida entre Paris Saint-Germain e Bastia que ficou na história graças a uma dessas jogadas de "Zlatan": um gol marcado de "chaleira", isto é, tocando a bola com a lateral externa, e não interna, do pé, com uma delicadeza incrível — como em câmera lenta. Quem observar esse lance terá a impressão de nunca ter visto nada igual: a audácia parece louca. Não obstante, ela se tornou possível graças às horas de treinamento e à prática intensa de *taekwondo* em sua juventude. Todos os anos de aprendizagem encontram-se reunidos no instante daquela jogada, quando lhe vem a intuição genial de acariciar a bola daquela maneira.

"Agir como um primitivo, prever como um estrategista", escreve René Char em *Feuillets d'Hypnos*. É preciso rever a asa de pombo de Zlatan Ibrahimovic tendo em mente esse belo aforismo. Quando treina, imagina a situação, antecipa, "prevê como um estrategista". Mas no segundo em que, em plena partida, diante de milhares de espectadores, ousa sua asa de pombo, ele "age como um primitivo": esquece tudo. Ele realiza, sem necessariamente pensar nisso, o que vinha preparando há muito tempo.

Eis o primeiro requisito para a audácia: ter experiência, desenvolver sua competência, dominar sua zona de conforto para sair dela e ousar o lance inusitado. Quem tem apenas uma pequena experiência se vê tentado a reportar-se a ela o tempo todo e ousará muito pouco. Já quem tem bastante não pode, por definição, reportar-se a ela inteiramente: ei-lo levado a escutar a própria intuição. A audácia é um resultado, uma conquista: as pessoas não nascem audaciosas, elas se tornam.

No fundo, a verdadeira experiência é sempre a de si mesmo, e é nessa qualidade que ela condiciona a ação de arriscar-se. Na hora de decidir, o empreendedor que se conhece bem pode ficar atento ao que sente, aos seus afetos. Será que ele sente o mesmo que sentiu quando, no passado, soube decidir com talento? Será que reconhece essa impressão de evidência que o dominou toda vez que soube aproveitar uma oportunidade?

Xavier Niel era um adolescente tranquilo, discreto, com desempenho mediano na escola. Não era audacioso, e nada o interessava de verdade. A descoberta, aos quinze anos de idade, de seu primeiro computador ao pé da árvore de Natal haveria de mudar tudo. Apaixonando-se pela informática, ele achará um ponto de ancoragem para desenvolver uma competência. É esta que fará dele um audacioso. É preciso ser competente para superar a própria competência e se descobrir capaz de audácia.

Todos conhecem a célebre fala de Lino Ventura em *Testamento de um gângster*: "Os babacas ousam tudo, e é isso mesmo que os denuncia." Eles ousam tudo porque não sabem nada ou quase nada. Falta-lhes experiência, competência. Aliás, sua audácia será mesmo audácia? Provavelmente não: eles são incapazes de avaliar o risco que se dispõem a correr.

Aprender a ousar é aprender a não ousar tudo, a ousar quando é necessário, quando a necessidade da ação exige esse salto para além do que sabemos. Assim, podemos entender outra ressonância do belo verso de René Char: "Impõe tua boa estrela, abraça tua felicidade e busca teu risco."

"Abraça tua felicidade": goza o prazer de fazer aquilo que sabes fazer, de habitar em tua zona de conforto, e permanece aí o tempo que for necessário.

"E busca teu risco", para depois encontrar a força, quando for preciso, para te aventurares fora da zona de conforto.

Só a maestria, a perícia, torna possível a graça da "imperícia". Deveríamos nos lembrar disso toda vez que sentíssemos a coragem nos faltar.

Também se aprende a ousar admirando a audácia dos outros. Ela nos tranquiliza, nos prova que é possível conseguir se tornar o que se é. Eis o que os exemplos de Diego Velásquez e Paul Cézanne sopraram a Pablo Picasso, o que Georges

Brassens encontrou em Charles Trenet e que a cantora Barbara encontrou em Édith Piaf, a qual não procurou macaquear: foi assim que ela pôde se tornar Barbara. Édith Piaf ousou uma expressão feminina, assumiu um sentido do trágico. Barbara os declinará à sua maneira. Sua admiração derivava também de um interesse pessoal, no sentido mais nobre. O exemplo de Édith Piaf lhe deu asas. Diante da singularidade da autora de "La Vie en rose", ela pôde ter a medida de sua própria capacidade de ser ela mesma. Charles Trenet tinha verdadeiras ambições poéticas e era influenciado pelos ritmos sofisticados do jazz norte-americano. Seu exemplo mostrou a Georges Brassens que era possível compor canções populares sem fazer concessões. Picasso admirava em Velásquez, que era andaluz como ele, principalmente os jogos de olhares e de narrativas em abismo[5], o virtuosismo ilusionista que transformava certos quadros, como *As meninas*, em verdadeiros quebra-cabeças. Picasso fez desses efeitos ilusionistas uma das chaves de sua obra. Ele viria a executar 58 variações sobre *As meninas* e representou a si mesmo, na última, no espelho do centro do quadro, no lugar do próprio Velásquez. Os grandes audaciosos são grandes admiradores. Eles admiram sempre a singularidade do outro. Eles não o copiam: o outro os fascina por ser inimitável. Mas ele lhes serve de inspiração. É a bela virtude da exemplaridade, que não deve ser entendida num sentido imitativo.

"Mantende distância daqueles que vos querem afastar de vossas ambições", lê-se em *As aventuras de Huckleberry Finn*,

---

5. Narrativas em abismo: tradução do francês *mise en abyme*, que, em pintura, indica quadros que repetem, na tela e em ponto menor, o tema da obra. [N.T.]

de Mark Twain. "Esse é um costume dos mesquinhos. Os que são verdadeiramente grandes vos fazem compreender que também podereis vos tornar grandes." Eles nos fazem compreender sem precisar dizer; basta-lhes ser o que são: seu exemplo vale todos os discursos.

Quando carecemos de audácia, sofremos talvez de um déficit de admiração. Sem mestres inspiradores, a experiência e a competência podem esmagar nossa singularidade. A admiração pode significar um estopim, pode nos levar a um uso audacioso de nossa competência.

Vista sob esse ângulo, a proliferação sem precedentes de figuras medíocres, produtos da telerrealidade, nessas revistas de celebridades, é perigosa para uma sociedade. O fato de uma época dar tanto destaque a tanta gente sem talento nem carisma é inédito na história, com consequências que ainda não podemos mensurar. Quando não temos ninguém mais para admirar, o que está sob ameaça é nossa própria audácia e criatividade.

Para conseguir ousar, não se pode ser perfeccionista demais. Na hora de tomar a palavra, de se lançar na execução de uma peça pianística ou na declamação de um poema, muitas crianças ficam paralisadas. Elas prefeririam não fazer nada a produzir uma coisa imperfeita.

Na verdade, elas têm medo de enfrentar a situação e se convencem de que não estão preparadas. São perfeccionistas demais. Seria preciso dizer-lhes que a ação, e somente a ação, liberta do medo. E citar-lhes esta bela frase de Paul Valéry: "Quantas coisas temos de ignorar para agir." Aqui, "ignorar" quer dizer "não saber" e "não levar em conta", o que dá à frase um duplo sentido. Ela significa que pode ser benéfico não nos darmos conta da dificuldade que nos espera. E é preciso poder ignorar o que sabemos, desconsiderar certos dados. O perfeccionista faz o contrário: ele se refugia atrás da ideia de que é preciso saber tudo antes de se lançar. E, pois, não se lança, ou se lança mal, porque é inibido demais.

A economia virtual é uma boa escola para curar os perfeccionistas. Os avanços tecnológicos e os novos hábitos de consumo sucedem-se a um ritmo tão acelerado que não é mais o caso de agir como na economia clássica: testar longamente um produto antes de lançá-lo no mercado. Cada dia que passa, a obsolescência o ameaça. Portanto, é preciso lançar continuamente produtos novos, ver como os clientes reagem, para em seguida aperfeiçoá-los ou tirá-los do mercado. Ainda mais do que antes, o fracasso se inscreve no processo industrial. O perfeccionismo está proscrito.

O Google, uma das empresas com a maior capitalização do mundo na Bolsa, não para, por exemplo, de propor inovações que não encontram público. Como seus dirigentes temem ser pegos de surpresa por mais uma inovação, eles comercializam suas novidades tão logo são desenvolvidas, dispostos a mudar de direção com a mesma rapidez. Na curta vida desse gigante da internet fundado em 1988, contam-se às dezenas os produtos ou serviços que foram abandonados. Mas essas desistências marcam o ritmo dos avanços da empresa. Há uma correlação entre o número de fracassos, seu poder inovador e seu poder *tout court.*

A comercialização dos Google Glass foi interrompida em 2015. O Google Reader também teve o mesmo destino em 2013, na esteira dos fracassos sucessivos do Google Wave, do Google Answers... O Google+, a rede social imaginada para concorrer com o Facebook, também foi um fracasso. Mas fez com que os internautas se pusessem a navegar conectando-se por conta própria, o que permitiu à empresa colher informações sobre seus hábitos e propor novos serviços. Os informes dos consumidores sobre as imperfeições de um serviço permitem melhorá-lo ou, com mais frequência, substituí-lo por outro. Assim, sua lógica é a de um aperfeiçoamento permanente, ao contrário de toda ânsia perfeccionista. "Tentando o tempo todo, termina-se por ter êxito. Portanto: quanto mais falhas, mais chances de que a coisa dê certo": muitas vezes nos deparamos com essa citação abrindo a página de abertura do Google, sob as letras que compõem o logotipo. O Google é uma "máquina de experimentar". Seu método: tentar muito e, por isso, falhar muito, para ter êxito. Se seus dirigentes quisessem a cada vez oferecer o produto perfeito, seriam menos inovadores e teriam pouca rentabilidade. Estamos nos antípodas do medo do fracasso, que, disfarçado de perfeccionismo, justifica todas as renúncias.

Para libertar nossa capacidade de audácia, é preciso, enfim, ter em mente o tempo todo esta evidência: os fracassos sofridos sem que se tenha tentado nada são os mais difíceis de suportar. Quem nunca ficou uma noite inteira sem ousar abordar uma pessoa atraente? Depois que ela se foi, nos damos conta de que seria preferível, embora correndo o risco de fracassar, ter pelo menos tentado. Numa de suas canções mais comoventes, "Les Passantes", Georges Brassens conta essa falta de audácia e suas consequências às vezes dolorosas:

Dedico este poema
A todas as mulheres que amamos
Por alguns instantes secretos

Esses "instantes secretos" são aqueles em que hesitamos, sem ter coragem de entabular uma conversa. Em seguida ele descreve diferentes figuras de mulheres que os homens não ousam abordar:

À companheira de viagem
— Cujos olhos, encantadora paisagem,
Fazem o caminho parecer mais curto —
Que somente nós entendemos
E que deixamos partir
Sem nem ao menos tocar-lhe a mão...

Depois conclui falando da amargura que pode nos dominar, no limiar de nossa vida, ao lembrarmos todas essas oportunidades que não soubemos aproveitar:

Mas quando se falhou na vida
Sonha-se, com um pouco de inveja,
Com todas as felicidades entrevistas
Os beijos que não se ousou roubar
Os corações que estão à sua espera
Os olhos nunca mais revistos

Então, nas noites tediosas,
Povoando a solidão
Com fantasmas da lembrança

Chora-se os lábios ausentes
De todas as belas passantes
Que não se soube reter

Os esportistas também sabem disto: perder sem ter tentado nos deixa um gosto amargo. Então nosso desgosto é pelo fato de não termos perdido, num jogo de tudo ou nada, aproveitando a situação pelo menos para nos aproximar de nosso talento.

Quatro vertentes, pois, de um método para aprender a ousar: aumentar a própria competência, admirar a audácia dos outros, não ser perfeccionista demais e lembrar-se de que o fracasso sem audácia é dos mais nocivos.

12

O fracasso da escola?

Ensinar não é encher um vaso, mas acender um fogo.
MONTAIGNE

Em nossa escola abundam professoras e professores de talento, preocupados com nossos filhos, desejosos de vê-los progredir, capazes de despertar o gosto por seus conhecimentos e empenhados em dar a todos as mesmas chances de sair-se bem. Eu mesmo tive meu desejo de ser escritor despertado no curso de letras, antes de encontrar um professor de filosofia carismático, Bernard Clerté, o qual agora posso dizer que mudou minha vida. E meu trabalho de professor me dá, a cada dia, grandes alegrias. Meu objetivo, pois, não é de forma alguma condenar nosso modelo educacional, uma vez que nenhum é perfeito.

Parece-me, porém, que nossa escola, ao deixar de ensinar as virtudes do fracasso, se condena a falhar no cumprimento de seu papel. Mas antes de desenvolver essa crítica, gostaria de explicar de onde venho. Eu lecionei em contextos muito diferentes: uma escola comum de uma cidadezinha de Hauts-de-France, grande liceu parisiense, estabelecimentos problemáticos de Seine-Saint--Denis, liceu do Estado da Legião de Honra, Instituto de Estudos Políticos de Paris. Tive como alunos tanto habitantes da Cité des Bosquets de Montfermeil quanto crianças dos bairros elegantes de Paris, gente do norte que atravessava os campos em bicicletas para todos os terrenos para vir ao curso e também jovens suburbanos que nunca tinham visto o mar. Mas descobri invariantes que me parecem problemáticas.

Uma escola que não estimula suficientemente a singularidade

A primeira dessas invariantes poderia parecer anedótica, mas não é: nela, as crianças raramente são parabenizadas por sua maneira de se enganar. Ter uma nota ruim por não ter entregado nenhum trabalho não é o mesmo que ter se deixado levar, por paixão, para um assunto fora do tema proposto. Deveríamos parabenizar com mais frequência os alunos que erram de maneira original, salientar o quanto a maneira de falhar — curiosa, inesperada — pode pressagiar sucessos futuros. O aluno receberia melhor as críticas, seria estimulado a desenvolver seu talento e compreenderia que errar não é desonroso.

Precisei de anos de magistério para descobrir a importância de valorizar a singularidade do aluno no próprio momento em que ele fracassa. Mas depois pude observar o quanto essa atitude era útil para os alunos. Eles adoram ouvir que nunca ninguém cometeu um contrassenso tão divertido, que eles abordaram um assunto, é verdade que fora do tema, mas de modo absolutamente apaixonante. Ou simplesmente que "valeu a tentativa". Eles se divertem, às vezes se sentem lisonjeados, nunca humilhados.

Em termos gerais, deveríamos nos deter mais sobre os fracassos. Muitas vezes, passamos a outro assunto como se não quiséssemos vê-los, como se eles fossem insignificantes, vergonhosos. Cena clássica na escola francesa: o aluno recebe uma nota ruim — muitas vezes diante de todos, o que seria inimaginável nos Estados Unidos — e logo em seguida assiste à correção do professor, dirigida à classe inteira. A mensagem é clara: existe um método a ser aplicado para se sair bem. É ele que interessa, não a maneira de errar. Daí a correção dirigida a todos, de modo indiscriminado. Evidentemente esse procedimento não é o único que se vê na França, mas existem países, a Finlândia, por exemplo, em que essa correção é inconcebível, pois nega o princípio de uma pedagogia individualizada.

Uma das especificidades da escola francesa consiste nesse curso ministrado por uma só voz a uma classe de cerca de trinta alunos. Apesar da divisão em grupos e da introdução das duas horas semanais de acompanhamento personalizado, esse modelo predomina. No primeiro ano dos cursos superiores, nos cursos preparatórios para a HEC (Escola de Altos Estudos Comerciais) ou para matemática, as classes chegam a ter quarenta alunos. Observar os sistemas educacionais de outros países permite avaliar o quanto nosso modelo de ensino tende a sufocar os talentos individuais.

Nos Estados Unidos, no Reino Unido e mesmo na Alemanha, o número de alunos por classe é menor e a relação pessoal com o aluno é bastante intensa. Em determinadas escolas inglesas distribuem-se prêmios regularmente, recompensando tanto o desempenho escolar quanto "o preguiçoso do dia", "o gaiato da semana" ou "os mais belos namorados". Tudo se faz aí para estimular o aluno a desenvolver sua personalidade, bem além do aproveitamento escolar.

Há muito tempo, segundo os estudos do Pisa (Programa Internacional de Avaliação de Alunos, promovido pela OCDE para avaliar o desempenho escolar nos países membros), a Finlândia aparece como campeã em todas as categorias em termos de educação: impacto quase nulo das diferenças socioeconômicas, poucas diferenças de nível entre os estabelecimentos, grau elevado de satisfação dos alunos... O número médio por classe no país é de dezenove estudantes, e a pedagogia adapta-se ao ritmo de aprendizagem de cada um. Para tomar apenas um exemplo, que surpreenderá muitos franceses, os pequenos finlandeses têm até os nove anos de idade para aprender a ler. Os primeiros anos são dedicados a despertar as aptidões individuais e a curiosidade. Eles não têm notas de avaliação antes dos onze anos de idade. Entre sete e treze anos, quando cursam a escola fundamental, eles têm um programa comum. A partir dos treze anos, podem montar o próprio curso de maneira simples, escolhendo até seis matérias opcionais. A partir dos dezesseis anos, ficam livres para montar todo o programa que desejam seguir. A aula tradicional, no sentido em que a entendemos na França, não existe. Quase não existem aulas expositivas. Enquanto os professores franceses têm de respeitar programas, sendo inspecionados regularmente, os docentes finlandeses gozam de uma imensa liberdade pedagógica. Resultado: esse pequeno país de menos de seis milhões de habitantes se tornou um dos mais inovadores do mundo, com uma das maiores taxas de registro de patentes. E não é uma questão de recursos, pois o gasto total com educação da Finlândia é de 7% do PIB, mais ou menos igual ao da França.

Na base desse êxito encontra-se uma ideia simples, sintetizada por Hannu Naumanen, diretor do Colégio Pielisjoki, da cidade de Joensuu: "Valorizar mais o que se sabe do que o que não se sabe. O mais importante é que os alunos sintam que são bons em alguma coisa." Daí resulta uma visão totalmente diferente do que se considera um trabalho imperfeito ou um exercício incorreto. Muitas vezes interpretado na França como uma transgressão à regra, os professores finlandeses veem nisso uma revelação valiosa que permite orientar o aluno para o campo de expressão de seu talento.

Segunda invariante: os alunos são convidados a trabalhar mais seus pontos fracos do que seus pontos fortes. Levei certo tempo para me dar conta disso, mas depois me vejo a confirmar isso o tempo todo. Participei de dezenas de conselhos de classe em que os professores preferiam ressaltar a deficiência de um aluno numa matéria a apontar seu excelente desempenho nas outras. Se um aluno de catorze anos se mostra especialmente dotado em desenho ou em francês, mas tem notas baixas em matemática, a discussão se concentrará, na maioria dos casos, sobre a maneira de progredir em matemática. Nos Estados Unidos e na Finlândia, o destaque será dado à vantagem que traz, ao longo de uma vida, um talento para desenho ou para a aprendizagem de línguas. O ideal de nossa escola é o do aluno completo, aplicado, "dentro da norma". Os alunos bons em tudo são preferidos aos perfis atípicos, brilhantes numa coisa, mas fracos nas outras.

Por trás dessa nossa maneira de proceder há uma visão do mundo que merece ser questionada. O que é preciso para ter sucesso na vida? Não ter pontos fracos? Ou ter pontos fortes? Ser muito bom em todos os campos, aplicando os métodos sem errar? Ou assumir sua singularidade em seus pontos fortes e pontos fracos?

Julien Gracq responde a essa pergunta. O autor das obras-primas que são *O litoral das Sirtes* e *No castelo de Argol* evoca em *Un beau ténébreux* [Um belo tenebroso] a estratégia vitoriosa do jogador de xadrez: "Esta, por exemplo, de Niemzovitch, talvez a mais profunda, e a mais geral que se formulou — e sem dúvida aplicável também a coisas bem diferentes de um jogo de xadrez: 'Nunca reforçar os pontos fracos — reforçar sempre os pontos fortes.'"

Julien Gracq não era simplesmente o estilista fascinante, influenciado pelo surrealismo, que recusou o prêmio Goncourt em 1951. Durante toda a sua vida, ele foi também professor de história e geografia no ensino médio. Essa frase provavelmente traduz sua sabedoria de educador. Embora seja necessário trabalhar os pontos fracos para que eles não se tornem desvantagens, é preciso sobretudo "reforçar os pontos fortes" — apostar no próprio talento.

E se a escola ousasse?

Nossa escola da República parece, pois, só valorizar os bons alunos, aqueles "dentro da norma". Mas estimular o respeito à norma, mais do que a ousadia de tornar-se o que se é, não é a própria lógica da escola igualitária? Há algum motivo para reprovar esse princípio?

Se os audaciosos e os originais se sentem sem espaço entre as paredes de nossas salas de aula, talvez com isso tenham uma ideia da extensão da diferença que no futuro poderão exprimir fora da escola. A cantora Camille estudou no liceu Henri IV de Paris antes de entrar no Instituto de Estudos Políticos. Isso não a impediu de se tornar uma das vozes mais singulares do panorama musical francês. Jean-Jacques Goldman formou-se pela Escola de Altos Estudos Comerciais, e o cantor Antoine, pela prestigiosa Escola Central. Uma pesquisa do Instituto Nacional de Estatística e Estudos Econômicos revela, aliás, que os artistas são, em média, mais graduados do que os outros. Nossa escola, portanto, reprimindo as singularidades, ao mesmo tempo as incentivaria.

A esta ideia reconfortante pode-se objetar que a mesma escola foi abandonada por grande número de audaciosos que não suportavam suas restrições. Jean-Paul Gaultier a abandonou antes do exame final do curso secundário, ansioso para enfrentar o mundo e desenvolver sua arte em tempo integral. Ele enviou seus croquis a Pierre Cardin, que os adorou. Ele tinha menos de dezoito anos. Alain Ducasse abandonou o liceu para entrar como aprendiz no restaurante Le Pavillon Landais, em Soustons. François Pinault abandonou os estudos aos dezesseis anos. Jean-Claude Decaux fundou, aos dezoito anos, seu grupo de mobiliário urbano JCDecaux... Todos tiveram de fugir da escola dos bons alunos para dar uma chance ao próprio talento. E 22% de fundadores de empresas abandonaram os estudos antes do exame final do ensino médio ou logo depois.

Devemos, pois, lutar por outra escola? Antes de responder, falemos um pouco de história. O objetivo principal de nosso sistema escolar era antes tornar a igualdade de direitos real do que promover a expressão das particularidades. No centro desse projeto, a ideia de dar a todos os cidadãos os mesmos conhecimentos, e, pois, a mesma capacidade de exercer sua cidadania. Seus idealizadores, Jules Ferry, Ferdinand Buisson e Victor Cousin, eram todos influenciados pela filosofia das luzes de Kant, para quem a educação para a liberdade passa pela aprendizagem da regra e da lei. Estamos, pois, num esquema de pensamento universalista e racionalista: nele, o erro tem o aspecto de falta e nunca é valorizado como prova de audácia.

Por muito tempo esse modelo foi eficaz. Ele permitiu a crianças de meios menos favorecidos sair de sua condição. O elevador social funcionou graças a essa escola que era a mesma para todos, filhos de operários, professores ou pessoas ilustres. Sem isso, quem não fosse herdeiro não poderia fazer valerem seus talentos individuais. Os "hussardos da República", enaltecidos por Charles Péguy, existiram: quando, recém-admitidos, esses professores desciam na plataforma da estação de uma cidadezinha do interior para assumir seu posto um dia antes da volta às aulas, o prefeito estava lá para recebê-los e lhes agradecer em nome da França. Em nome da igualdade.

Mas os tempos mudaram. As pesquisas do Pisa mostram os resultados deploráveis que nosso país obtém. Atualmente, as condições socioeconômicas determinam o aproveitamento escolar. As grandes escolas são as da reprodução social. Apesar da boa vontade dos professores, em geral exemplares, nosso sistema educacional está em crise. Ele já não garante a mobilidade social. O estudante de Stains em Seine-Saint-Denis já não recebe a mesma educação que o parisiense ou o lionês do centro histórico. Isso não acontecia cinquenta anos atrás.

Mas, então, se a escola não é mais a da igualdade, por que não haveria de se tornar a escola das singularidades? Se ela não é mais capaz de levar a todos os mesmos conhecimentos, por que não prioriza os talentos individuais, a criatividade, o senso de iniciativa? Visto não ser mais a escola da norma, por que não aprenderia a estimular aqueles que ousam? Em vez de nos aferrar a um modelo ultrapassado, poderíamos levar em conta que os tempos são outros e ver nela uma oportunidade de reformar o sistema educacional. Para isso, seria preciso falar de outra maneira do empreendedorismo, mas constatamos que estamos muito atrasados. Concluímos que, para tanto, ela teria de ser capaz de valorizar os "conhecimentos úteis", mas então descobrimos que isso não está em nossa cultura.

Terceira invariante: muitas vezes os professores desconhecem a empresa, e a natureza desta é caricaturada. Numerosos manuais de economia ainda veiculam clichês sobre os patrões "que exploram os trabalhadores", ideia que não se encontra nem na obra — muito mais sutil — de Karl Marx, e nunca apresentam em suas páginas retratos de empresários audaciosos. Logicamente, e ao contrário do que acontece nos Estados Unidos, não se encontra nenhum empresário na lista de personalidades preferidas pelos franceses. É verdade que há muitas iniciativas para mudar esse estado de coisas. A mais significativa é a do empresário e escritor Philippe Hayat, que em 2007 criou a associação 100.000 entrepreneurs [100.000 empresários], para fazê-los dar depoimentos nos colégios e liceus. Em apenas dez anos, a associação atingiu 10% do público-alvo. Philippe Hayat conta, em *L'Avenir à portée de main* [O futuro ao alcance das mãos], como esses homens e mulheres aterrissam nos tablados das salas de aula a fim de descrever para os alunos o estranho ofício de empresário: partir de um desejo, de uma ideia ou de uma necessidade, conseguir financiamento, reduzir os riscos e em seguida tentar a sorte. Eles lhes dizem também que existem na França duas vezes menos empresas de porte médio do que no Reino Unido, três vezes menos do que na Alemanha, e que bastaria dobrar seu número para resolver a maior parte dos problemas de nosso país: desemprego de longa duração, déficit das contas públicas, falência dos organismos de proteção social. Quando, às vezes, eles conseguem fazer os olhos dos jovens brilharem, se deparam com certas questões recorrentes: *Como se faz sem um capital inicial? Como saber se nossa ideia é boa?* Mas uma questão aparece com mais frequência que as outras: "E se eu fracassar?"

O medo do fracasso é o principal freio de nossa juventude.

Quarta invariante: nossa incapacidade de valorizar os "conhecimentos úteis". Os conhecimentos muitas vezes são apresentados como fins em si mesmos ou simples pretextos para avaliação. Segundo os estudos do Pisa, os estudantes franceses saem da escola com muitos conhecimentos — muito mais, por exemplo, do que os estudantes norte-americanos. Nossa escola consegue levar aos alunos todos esses conhecimentos, porém os apresenta numa perspectiva muito teórica, escolar e não "existencial".

Ora, um conhecimento não vale por si mesmo, mas pelo que pode mudar numa vida. Será preciso assumir claramente essa relação vital, "instrumental", com o saber. Ter consciência da queda do nível geral deveria nos convencer de uma vez por todas: é preciso partir do que os alunos poderão fazer dos conhecimentos, para que eles se interessem. Muitos professores estão convencidos disso — professores de história mostrando aos alunos o quanto o conhecimento pode lhes permitir entender melhor a atualidade; professores de filosofia sugerindo aos alunos das classes sociais menos favorecidas que eles poderão encontrar na filosofia métodos para se exprimir e até para justificar sua rebelião. Mas esses professores muitas vezes são reprimidos por inspetores educacionais que fingem não ver que a França mudou e taxam de demagogos os educadores que começam por se colocar no nível dos alunos. Não há, porém, outra maneira de estabelecer uma relação. Lembro-me de um inspetor que me deu uma aula sobre isso. Depois de ter criticado meus métodos, ele me lembrou, com ar de grande convicção, o sentido da palavra "instituição": "Uma instituição é o que não se mexe quando todo o resto muda. É o 'tutor' no qual os alunos podem se apoiar quando tudo mais desmorona." Tudo ficou dito, e belamente dito, aliás. Estou convencido de que nosso país vive tal mutação que a escola, bem ao contrário, deve "mexer-se" para se adaptar a tantas transformações.

Na *Segunda consideração intempestiva*, Nietzsche ataca "a erudição vã" e o "espírito pequeno-burguês". Com humor, ele zomba daqueles que cuidam de seus conhecimentos como os antiquários cuidam de seus "bibelôs": passam boa parte do dia espanando-os, mas nada fazem com eles. E terminam por perder o fôlego por causa da poeira. Ele nos lembra que a questão essencial não é "o que eu sei?", mas "o que vou fazer do que eu sei?". Nietzsche distingue dois tipos de uso do saber. Nós o utilizamos para nos tranquilizar e nos encerrar numa lógica de estrita competência. Cedemos, então, ao "instinto do medo". Ou então partimos deles para ir além e os abordamos com o "instinto da arte". Nesse caso, a função dos conhecimentos é nos lançar na vida, na ação, na recriação contínua de nossas existências.

Encontra-se em outra estrofe do poema "Se" de Rudyard Kipling um belo eco dessa filosofia nietzschiana do conhecimento:

Se sabes meditar, observar e conhecer,
Sem jamais te tornares cético nem destruidor,
De sonhar, sem que o sonho te domine,
De pensar, não sendo apenas pensador...

Numa visão audaciosa da existência, o saber deve ser apresentado, desde o *princípio*, como aquilo que aspira a ser superado; e os conhecimentos, como aquilo que delimita uma zona de conforto de onde será preciso sair.

Temos aí uma ideia decisiva para orientar a reforma da escola: todo saber deve facilitar, em cada um dos alunos, o triunfo do "instinto da arte" sobre o "instinto do medo". É preciso ensinar-lhes a "pensar", claro, mas também a não se limitar a ser "apenas mero pensador".

Podemos imaginar as implicações de tal ideia diretora em todos os níveis. Os conteúdos de uma matéria devem ser facilitados? Esse ponto de vista nietzschiano poderia ajudar a distinguir o que deve ser conservado do que é menos útil. Ainda é preciso ensinar latim e grego? Sim, mas com a condição de ressaltar a maneira como as línguas mortas ajudam a compreender o francês atual. Os cursos profissionalizantes são pouco valorizados, apesar de serem necessários e resultarem em empregos? Num mundo onde a questão principal não fosse mais "o que você sabe?", mas "o que você vai fazer de seu saber?", seu valor seria reconhecido de fato.

Essa relação livre, criativa e "instrumental" com os conhecimentos é exatamente o que propõe o ensino da filosofia no último ano do curso secundário. Trata-se de, partindo das teorias dos grandes autores, aprender a pensar por si mesmo. O objetivo não é ensinar a história das ideias, mas a alegria de um pensamento livre. Descobrindo que a filosofia é, segundo Descartes, uma capacidade de escolha e que, para Espinosa, ela é o oposto, os alunos são convidados a pensar seu próprio conceito de liberdade: as referências servem de pretexto para sua reflexão. Os alunos as memorizam melhor quando elas não são apresentadas como "o que é preciso saber" e os levam a uma análise pessoal. Eis por que a filosofia devia ser ensinada já na escola primária. Seria uma boa maneira de dar o *tom* dessa relação útil, existencial, com o saber, de infundir em nossa juventude, o mais cedo possível, esse espírito crítico que é a melhor barreira contra as ideologias e inquietações identitárias.

Uma boa maneira, também, de lhes mostrar que uma vida bem-sucedida é uma vida posta em questão. De iniciá-los no belo risco de viver.

13

Lidar bem com o próprio sucesso

> *Se vocês vieram para ouvir "Purple Rain", erraram de endereço. O que importa não é o que vocês já conhecem, mas o que vocês estão prestes a descobrir.*
>
> PRINCE

Até agora, nós nos perguntamos como lidar bem com nossos fracassos. Mas para realizar-se ao longo do tempo é preciso também saber lidar bem com as próprias vitórias — o que não é tão fácil. Ser capaz de vivê-las bem, de enxergá-las como oportunidades de aprender sobre si mesmo ou de se reinventar. Desconfiar, tanto no sucesso quanto no fracasso, de identificação excessiva: se é desastroso definir-se pelos próprios fracassos, pode ser calamitoso reduzir-se aos próprios sucessos.

É muito instrutivo observar a atitude daqueles que obtêm vitórias sucessivas por longos períodos de tempo.

A equipe dos Experts, seleção francesa de handebol masculino treinada por Claude Onesta, conseguiu realizar o que nenhuma outra equipe jamais conseguiu: ganhar cinco títulos de campeões do mundo, três títulos de campeões da Europa, duas medalhas de ouro nos Jogos Olímpicos... Em princípios dos anos 2000, eles ganharam sucessivamente nove títulos internacionais. Alguns artistas como David

Bowie e Prince mantiveram-se no ponto mais alto de sua arte durante décadas, tendo seus álbuns no topo da lista dos mais vendidos.

O segredo deles? Eles encaram o próprio sucesso da forma como deveríamos encarar nossos fracassos: continuam a pesquisar, a se questionar. Eles nunca se deixam enclausurar numa ideia ou imagem de si mesmos. Embora apreciem o sucesso, sabem que o essencial está em outro lugar. Eles conhecem também o peso das circunstâncias. Em suma, dão mostras, mesmo no coração do sucesso, de uma "sabedoria do fracasso". Será que o segredo é o fato de terem iniciado suas carreiras com um fracasso? O primeiro álbum de David Bowie, por exemplo, uma mistura de *folk music* e variedades, foi um fracasso. Ou será que eles sabem, por instinto, manter a cabeça fria? Será que eles sentem que uma vida bem-sucedida só pode ser uma vida em movimento, em constante busca?

Seja como for, eles seguiram a vida inteira as recomendações da penúltima estrofe do poema de Rudyard Kipling:

Se és capaz de encontrar a Vitória após a Derrota
Acolhendo da mesma forma esses mentirosos,
Se és capaz de manter a coragem e a cabeça fria
Quando os outros se encontram em grande agonia

"Esses mentirosos", porque a Vitória mente para nós tanto quanto a Derrota, desde que as deixemos nos reduzir, nos definir, nos enclausurar. A derrota mente para mim quando me faz acreditar que sou um fracassado. O sucesso mente para nós quando nos convida a confundir uma vitória conjuntural ou uma imagem social com o que somos no íntimo. Mas como "manter a cabeça fria" mesmo na embriaguez do sucesso? Não perdendo nunca de vista que a única vitória que conta é a de nossa aventura humana e que o verdadeiro desafio é mostrar-se à altura dessa humanidade, tanto no sucesso quanto no fracasso. É, aliás, o fecho do poema:

E — o que vale mais que o Trono e a Glória —
Tu serás um homem, meu filho!

Ouvindo o treinador da equipe de handebol da França Claude Onesta responder a perguntas de jornalistas, muitas vezes me surpreendi com seu tom de voz. Era sempre depois de uma grande vitória: os Experts acabavam de ganhar um novo título, de bater mais um recorde, e o clima era de júbilo e euforia. Ele se mantinha calmo, sossegado, mas com uma leve inquietação nos olhos e na voz. Ele analisava a vitória com tanto cuidado como se se tratasse de uma derrota. Desligando-se o som da televisão, daria até para ficar em dúvida sobre o resultado da partida. Entendi o porquê disso ao ler seu livro *Le Règne des affranchis* [O reino dos libertados]. A cada vitória, ele se pergunta como se renovar. Para se manter no melhor nível, ele explica, é preciso nunca aplicar mais de uma vez a mesma estratégia. Principalmente se somos campeões do mundo e todas as equipes concorrentes analisam nosso jogo.

> A conquista histórica de três títulos sucessivos e todas essas ninharias... estou pouco ligando. Só tenho em mente uma preocupação, bem mais modesta, bem mais complexa. Como fazer para ganhar da próxima vez, sabendo que os

outros vão fazer o possível para nos derrotar? É esse tipo de enigma que, intelectualmente, me apaixona.

Bela lição: lá onde os outros tentariam repetir a "receita que dá certo", Claude Onesta sabe da imperiosa necessidade de continuar a inventar. Ganhar, para ele, é ganhar contra a previsão, estar sempre um lance à frente. "Se seu estilo de jogo está preso a princípios imutáveis e esquemas abstratos", afirma energicamente esse ex-professor de educação física e esportiva,

> você está morto. Para tomar o exemplo da equipe da França, possuímos cerca de quinze esquemas de ataque em nossa algibeira tática. Pelo gosto de nossos jogadores, eu planejaria a primeira, a segunda, a terceira, a quarta fase com todas essas opções. Esse tipo de esquema os tranquiliza. Como tranquiliza também os treinadores de quadro-negro. Já eu, não. Acima dos sistemas, coloco o espírito de iniciativa. Prefiro a intenção à repetição.

Lidar bem com o próprio sucesso é desconfiar da embriaguez satisfeita, dando preferência a uma alegria de criador, mais profunda e mais ponderada. É considerar o sucesso como um convite a perseverar na audácia — a "conservar a coragem", escreve Rudyard Kipling. É considerar que o sucesso obriga a determinadas atitudes, implica uma nova responsabilidade. O simples fato de os Experts terem mudado tantas vezes de nome — primeiro Bronzés, depois Barjots, em seguida Costauds e finalmente Experts — é em si mesmo um símbolo do método com o qual eles souberam "lidar bem com o sucesso": desconfiar dos rótulos que aprisionam e dos títulos que entorpecem, "mudar tudo" o mais frequentemente possível, em especial quando "tudo" vai indo bem.

Rafael Nadal ganhou o torneio Roland-Garros pela primeira vez em 2005, aos dezenove anos de idade. Seu tio Tony foi ao seu encontro no vestiário e disse-lhe o seguinte: "Sabe de uma coisa? Muitos dos que ganharam aqui pensavam que aquela era apenas a primeira vez, mas foi a última." Apenas alguns minutos depois da sagração de seu jovem pupilo na terra batida da quadra parisiense, eis que seu treinador julgou essencial lhe dizer: desconfie dessa vitória. Ela poderá não passar de um coroamento, cabe a você fazer que seja um começo — "Mantenha a coragem e a cabeça fria quando todos os outros a tiverem perdido."

Ao que parece, Rafael Nadal entendeu a mensagem: aquele seria o primeiro de seus nove títulos em Roland-Garros. Nenhum outro jogador na história ganhou nove vezes o mesmo torneio.

"Um eleito é um homem que o dedo de Deus empurra contra uma parede", adverte Sartre em *O Diabo e o bom Deus*. Gênio da expressão concisa e apaixonado pela liberdade: reconhecemos aqui o autor de *O existencialismo é um humanismo*. Não é de surpreender que ele veja no sucesso o risco de se ver "posto contra a parede", e até alienado, privado da liberdade. Em sua obra romanesca, Sartre muitas vezes zombou das figuras de notáveis vencedores, entrincheirados em sua função social, morrendo pouco a pouco por acreditarem que "chegaram lá". Ele recusou o prêmio Nobel em 1964 em parte por esse motivo: não queria ser definido por seu prêmio Nobel, usar esse rótulo na testa até a morte, e mesmo depois de morto. Ele desejava continuar a exprimir-se livremente, sem comprometer a Academia Sueca com seus posicionamentos. Não queria deixar de "ser" Jean-Paul Sartre, tampouco desejava "ser" Nobel.

Alguns anos antes, em 1957, quando recebeu, aos 44 anos, o Nobel de literatura, Camus teve o mesmo receio, a mesma desconfiança em relação ao custo do sucesso. Mas sua reação foi diferente.

Por um lado, ao aceitar essa distinção, afirmou em seu discurso que ela não era apenas "sua": "Eu gostaria de recebê-la como uma homenagem prestada a todos aqueles que, partilhando o mesmo combate, não receberam nenhum privilégio, mas, ao contrário, conheceram a desgraça e a perseguição." O que já era uma boa maneira de não se deixar enclausurar pela distinção.

Por outro, estimulado por essa honraria, multiplicou o trabalho e a criatividade, lançando-se com ímpeto novo na escrita de seu "romance de educação" *O primeiro homem*, no qual ele remonta à sua infância na Argélia, aos tormentos da guerra e à difícil questão da fidelidade aos seus. Consciente do risco de ver sua inspiração tolhida por um reconhecimento tão imenso, obtido em detrimento de André Malraux, um de seus mestres na juventude, reagiu com ainda mais ousadia. Ele recebeu a distinção como um encargo, uma responsabilidade. Como se quisesse provar, retroativamente, com esse livro pessoal e ambicioso, às vezes considerado como o seu melhor, que era digno do prêmio. Durante os meses que se seguiram à atribuição do prêmio, quando os jornalistas o questionavam sobre esse reconhecimento, ele respondia dizendo o quanto o trabalho que estava fazendo o assoberbava.

O Nobel o comprometia, no sentido mais nobre. "Os verdadeiros artistas", declara Camus em seu discurso na Academia Sueca,

> nada desprezam; eles se obrigam a compreender em vez de julgar. E se têm um partido a tomar neste mundo, talvez só deva ser o de uma sociedade em que, segundo a grande frase de Nietzsche, não reinará mais o juiz, mas o criador.

Lidar bem com os próprios sucessos é vivê-los como outras tantas ocasiões de assumir a responsabilidade de criador.

Claude Onesta e Tony Nadal sabem o preço do sucesso e sabem como não ser "postos contra a parede" pelo dedo do triunfo. Quando Claude Onesta explica que sua única preocupação — "como fazer para ganhar a próxima partida?" — é ao mesmo tempo "bem mais modesta" e "bem mais complexa", ele sabe como é difícil se manter humilde no sucesso. Mas é aí que está a força dos maiores: questionar-se em pleno coração da vitória.

Em *Agassi: Autobiografia*, Andre Agassi conta que ganhou partidas jogando de modo aproximativo. Acontecia-lhe até de se achar ruim quando era o número um do mundo. Ele explica: jogar melhor do que os outros não significa jogar bem. Em relação aos outros ele é melhor. Em relação a si mesmo, ao seu nível de exigência, à criatividade no tênis a que ele aspira e, sobretudo, a seu prazer — ele não joga suficientemente bem. O que poderia parecer arrogância na verdade é humildade, a forma mais alta da humildade, a mesma de que comunga também o clã Nadal. Entre os campeões atuais, Rafael Nadal é, aliás, o que dedica mais tempo a dar autógrafos, acolher as crianças, que o adoram e sonham em ir para casa levando seu pedaço de papel amassado, mas assinado *Rafa*.

Ao fim de sua famosa palestra proferida em Stanford em 12 de junho de 2005, Steve Jobs concluiu com uma recomendação: "*Stay hungry, stay foolish!*", muitas vezes traduzida como: "Continuem insaciáveis, continuem loucos." O conselho soa mais forte em inglês: continuem famintos, continuem insanos ou até continuem idiotas! Não existe método melhor para lidar bem com o próprio sucesso.

Continuem famintos: guardem no fundo de vocês a marca dessa falta, que é o outro nome do desejo.

Continuem idiotas: se a inteligência consiste em acreditar que o que deu certo uma vez dará certo de novo, afaste-se dela. Mais vale, nesse caso, continuar "idiota": "saber", como dizia Paul Valéry, "ignorar para agir".

"Faminto", "insano", sempre em busca, renovando-se tanto em seus inúmeros sucessos quanto nos fracassos: eis um retrato fiel de David Bowie. Dois dias antes de sua morte, em janeiro de 2016, ele lançava um novo álbum, seu 28º, *Blackstar*, que explorava sonoridades inéditas. Sua carreira se estendeu por mais de cinquenta anos, durante os quais passou de um gênero a outro, e também de uma "identidade" a outra, assumindo diferentes rostos. Ele foi David Robert Jones, depois David Bowie, Ziggy Stardust, em seguida o cantor pop de *Let's Dance*, dândi andrógino depois viril, com madeixa de *bad boy*, o aristocrata lívido de *Station to Station* e ainda o *clown* triste de "Ashes to Ashes". Aquele que na juventude fez uma incursão pela mímica se impôs com o *glam rock* de "Ziggy Stardust", antes de conhecer um sucesso ainda maior com o pop mais eficaz, embora deslocado, de "Let's Dance". Longe de se comprazer no personagem glamoroso e apocalíptico que havia revelado, tentou outra coisa. Foi então que se tornou de fato uma estrela mundial, cantando "China Girl", "Let's Dance" e "Modern Love" em estádios lotados nos quatro cantos do mundo. Ele haveria de conhecer muitas outras metamorfoses, chegando a tornar-se o cantor bem rock de "Tin Machine", antes de se abrir para músicas contemporâneas como o techno ou o drum and bass. Ele venderia um total de 140 milhões de álbuns, e seria pintor e também produtor, principalmente de seus amigos Iggy Pop e Lou Reed, "lidando bem" até com os sucessos dos outros!

Claude Onesta analisava a vitória como se se tratasse de uma derrota. Também David Bowie dá a impressão de se reinventar depois de cada fase, como se tivesse fracassado. Com efeito, ele se renovou por ocasião de seus sucessos e também de seus fracassos. Continuou "faminto" até o último dia.

Depois de suas grandes performances, Prince gostava de se apresentar em *after shows* improvisados. Quem teve a oportunidade de ver o garoto de Minneapolis dar toda a medida de sua genialidade nos bares ou clubes reservados diz a mesma coisa. Prince trocava de instrumento ao sabor de seus caprichos com uma liberdade louca, acentuada pelo cansaço pós-concerto, e quando um fã lhe pedia para tocar um de seus maiores hits, o cantor sempre tinha o cuidado de explicar sua recusa: "Se vocês vieram para ouvir 'Purple Rain', erraram de endereço. O que importa não é o que vocês já conhecem, mas o que estão prestes a descobrir." Ele não queria "dormir sobre seus louros" de rei coroado e celebrado da música pop — finalmente entendemos o sentido tão nobre dessa expressão batida — e exigia o mesmo de seu público. Era, como ele confessou um dia, a maneira que ele tinha de viver sua arte: "Todos morreremos um dia. Mas, antes que isso aconteça, eu vou dançar minha vida."

No fundo, em que David Bowie e Prince se distinguem daqueles que repetem à exaustão a receita do sucesso até se tornarem caricaturas de si mesmos? Em que Leonardo DiCaprio, interpretando sucessivamente um deficiente mental em *Aprendiz de sonhador* e um herói romântico em *Romeu e Julieta*, um corretor louco em *O lobo de Wall Street* e o caçador bestial em *O regresso*, se distingue dos atores que encarnam sempre o mesmo tipo de personagem? Em que Emmanuel Carrère — passando de *O adversário*, inspirado no criminoso Jean-Claude Roman, para o pungente *Outras vidas que não a minha* e a essa pesquisa sobre o cristianismo que é *O reino* — se distingue de todos esses autores que publicam regularmente o mesmo livro?

Eles têm mais vida do que os outros. Trabalham como artistas e não como técnicos. Dão-nos lições de vida e não apenas momentos de descontração. Eles nos mostram a natureza de uma existência voltada para o novo, audaciosa até mesmo no sucesso, plena de si mesma, dessa força que lembra tão bem Nietzsche quando, em *Assim falou Zaratustra*, dá a palavra à Vida: "Estás vendo? Sou aquilo que deve se superar o tempo todo."

Lidar bem com os próprios sucessos é compreender que eles, tanto quanto os fracassos, devem ser *superados*.

14

A alegria do combatente

> *Não existe alegria verdadeira senão quando ela é ao mesmo tempo contrariada: a alegria é paradoxal ou não é alegria.*
>
> CLÉMENT ROSSET

Sem nossos fracassos, nossos reveses, as alegrias mais profundas da existência nos seriam desconhecidas. Nós o pressentimos: o fracasso tem uma ligação com a alegria. Talvez não com a felicidade, mas com a alegria.

A felicidade é um estado duradouro de satisfação existencial; a alegria é apenas o instante de uma irrupção. A felicidade implica uma forma de serenidade, de equilíbrio. A alegria é mais brutal, pontual, às vezes irracional. Quando somos dominados por uma emoção, não dizemos que estamos "loucos de alegria"? Um número grande demais de cuidados obstrui a felicidade, mas não os instantes de júbilo.

Essa alegria — eu proponho chamá-la de "alegria do combatente" — pode assumir diversas formas.

A alegria de dar a volta por cima

A primeira é a mais evidente: a satisfação que sentimos quando, ao fim de uma longa jornada, depois de fracassos e desilusões, terminamos por vencer. É a alegria especial depois de muita luta que dá tanto sabor à vitória tardia.

"Muito pouca honra me daria essa vitória, vencer sem perigo é vencer sem glória", é o que retruca o conde a dom Rodrigo, em *O Cid*, de Pierre Corneille.

Se as vitórias fáceis são "triunfos sem glória", elas dão menos alegria do que os sucessos difíceis, obtidos a ferro e fogo. A dificuldade da conquista nos permite avaliar-lhe o preço.

É exatamente o que conta Andre Agassi nas mais belas páginas de *Agassi: Autobiografia*. Entre todas as vitórias do Grand Slam, seu título em Roland-Garros em 1999 lhe trouxe, de longe, a alegria mais louca. Ora, essa vitória marca um retorno, o fim de uma longa descida aos infernos da depressão, da baixa pontuação na ATP [Associação de Tenistas Profissionais] e até das drogas pesadas.

Depois de ter dominado o tênis mundial em meados da década de 1990, o atleta passa por uma crise. O que sempre pressentira ficou mais do que evidente: ele não sabia por que tinha se tornado tenista. Treinado por um pai obsessivo, passara toda a infância jogando contra uma máquina de rebater bolas que seu pai mandara construir! Em seguida ele foi para a Nick Bolletieri Academy, trocando a tirania paterna pela de um treinador. Resultado: no dia em que se tornou número um do mundo pela primeira vez, aos 25 anos de idade, em 1995, ele não sentiu nada.

A cena é inusitada. Ele recebe um telefonema. A classificação da ATP acaba de ser atualizada. A boa notícia o deixa indiferente. Ele anda pela rua alheio a si mesmo e ao mundo. Ele diz que não escolheu a própria vida, que apenas satisfez o desejo do pai. Repete que esse esporte lhe roubou toda a infância, que ele não leu nenhum livro, que não sabe fazer outra coisa. Deixa-se ficar na calçada, atordoado: ele é, talvez, o melhor tenista do mundo, mas detesta o tênis. E descobre, mais ou menos na mesma ocasião, o verdadeiro rosto de sua esposa, a atriz e modelo Brooke Shields. Um ser egoísta e superficial, como ele dá a entender em sua autobiografia. Eles acabam de se casar, mas apenas passam um pelo outro. Ele prefere ficar em casa à noite, ela só gosta das noitadas mundanas, aparece com amigos barulhentos na madrugada de finais importantes, nunca lhe pergunta nada sobre suas partidas. Ele perde o gosto por tudo, se divorcia, para de treinar e começa a decair. Engorda, passa a usar drogas, perde quase todas as partidas e despenca para o tricentésimo lugar na classificação da ATP. Irreconhecível na quadra, reprovado num exame antidoping por causa dos entorpecentes, corre até o risco de ter seus títulos anulados, embora conquistados sem a ajuda de nenhuma droga. Ele está a um passo de abandonar o tênis quando a filha de seu melhor amigo Gil é atropelada por um carro. Ela está entre a vida e a morte. Chocado, saindo de uma noite em que se enchera de drogas, corre para o hospital. Ao avistar Gil, lívido, no corredor, é avassalado por um elã de amor. Por seu amigo, por sua filha, pela própria existência. É uma revelação. Diz para si mesmo que a vida é feita para isso: dar amor aos seres que importam. A filha de Gil sobreviverá, ele renascerá: decide voltar ao tênis, mas agora sabe por quê. Ele, que sempre se ressentiu por não ter nenhuma formação intelectual, quer criar uma fundação para crianças carentes. Para financiá-la, deve voltar a ser o número um. Se o tênis puder bancar esse projeto, ele amará o tênis. Mas o caminho será longo. Pesado na quadra, lento nos deslocamentos, ele precisa reconquistar seu lugar. Para subir no *ranking*, participa dos torneios "Challenger"[6] diante de poucas dezenas de pessoas. Foi o melhor jogador do circuito, e ei-lo retrocedendo cinco anos, menosprezado por aqueles que tanto o invejaram. Ninguém mais acredita nele, salvo Brad Gilbert, que aceita treiná-lo e que ele apelida de "O Profeta". Pouco a pouco, vai subindo a rampa, recupera suas sensações, seu corpo, combinando sessões de musculação com caminhadas de várias horas. Ele sofre, é mais difícil do que imaginara. Ele persevera. Já não persegue o sonho de seu pai nem o interesse financeiro da Nick Bolletieri Academy, mas seu próprio desejo. Quer fazer alguma coisa boa. E seduzir Steffi Graf, por quem se apaixonou à primeira vista, ainda que ela não esteja livre. São longos meses de reconquista. Ele termina por conquistar alguns títulos menores. Em 1999, depois de disputar uma série de partidas, encontra-se na final de Roland-Garros. Ganha de Andrei Medvedev, e eis que escreve:

> Levanto meus braços, e minha raquete cai no chão. Estou às lágrimas. Passo a mão na cabeça. Estou apavorado por estar mergulhado em tal sensação de felicidade. Ganhar não deveria ser uma coisa tão agradável. Ganhar nunca deveria ter tamanha importância. Mas, se assim for, assim será, e não posso fazer nada. Não caibo em mim de tanta alegria, de gratidão para com Brad, com Gil, com Paris — e até Brooke e Nick. Sem ele, eu não estaria aqui. Sem os altos e baixos com Brooke, sem o sofrimento dos últimos

---

6. Challenger: torneio cuja premiação varia de cinquenta mil a 125 mil dólares e dá, no máximo, cem pontos para o campeão. [N.T.]

tempos, isso aqui não teria sido possível. E me permito certa gratidão para comigo mesmo, por todas as escolhas, boas e más, que me trouxeram até aqui.

Sua alegria é grande na mesma medida em que a batalha foi longa. Os sucessos fáceis não têm essa densidade; eles parecem irreais, passam por nós sem que percebamos. Sua emoção em junho de 1999 em Roland-Garros é rica de todo o seu sofrimento, de todo o seu passado, de todos os seus "altos e baixos", de todas as suas escolhas, "boas e más" — rica de todos os seus fracassos. Temos motivos para amar nossos fracassos, que tanto contribuem *in fine* para nossa profunda alegria.

"Saio da quadra mandando beijos aos quatro cantos", continua Andre Agassi,

> o gesto mais sincero que me ocorre para expressar a gratidão que me domina, essa emoção de onde parecem derivar todas as outras. Faço o voto de agir sempre assim daqui para a frente, quer ganhe, que perca, toda vez que sair de uma quadra de tênis. Mandarei beijos para os quatro cantos do planeta, agradecimentos ao mundo inteiro.

"A alegria", escreve Bergson em *A energia espiritual*, "anuncia sempre que a vida foi bem-sucedida, que ela ganhou terreno, que conquistou uma vitória: toda grande alegria tem um caráter triunfal."

Andre Agassi e seus parentes festejam essa vitória a noite inteira num pequeno restaurante italiano, no coração de Paris, em companhia de John McEnroe, que fez questão de juntar-se a eles. Björn Borg ligou para o celular de John McEnroe para lhe dizer que foi a mais bela vitória da história do tênis.

"Quando Brad e eu tomamos o caminho do hotel", escreve Agassi,

> o sol já nascia. Ele passa o braço em torno de mim e diz:
> — A viagem terminou como devia.
> — Como assim?
> — Normalmente, na vida, as coisas terminam muito mal. Mas não neste caso.
> Eu enlaço Brad. Essa é uma das únicas coisas que o Profeta não entendeu este mês. A viagem está apenas começando.

Com efeito, esse título em Roland-Garros marcará sua volta duradoura ao mais alto nível. Ele voltará a ser o número um mundial (aos 33 anos [depois dele, apenas Roger Federer ocupou esse lugar em idade tão avançada — aos 36 anos, em fevereiro de 2018]) e investirá o dinheiro ganho na criação da Andre Agassi Foundation.

A classe de Andre Agassi, que se recuperou depois de um longo período de baixa, lembra a de John Travolta dançando o twist em *Pulp Fiction*, de Quentin Tarantino.

Antes de o diretor ter a ideia de chamar o astro de *Nos tempos da brilhantina* e *Os embalos de sábado à noite*, o ator também tinha conhecido um longo período de declínio. Os anos disco há muito tinham passado. Na década de 1980, ele havia acumulado fiascos comerciais e de crítica. Do início dos anos 1980 a meados da década de 1990, obteve alguns sucessos, mas com comédias indignas de seu talento, como o filme *Olha quem está falando*. Quando, em 1994, Quentin Tarantino o chamou, John Travolta dava todos os sinais de que *já era*. Ninguém mais oferecia um papel interessante a esse dançarino já um tanto pesado, símbolo de uma época passada. Quentin Tarantino o fará, jogando com essa imagem de figura do passado, remanescente da era disco. Na cultuada cena em que John Travolta dança com Uma Thurman, ele exibe a beleza cansada de gente vivida. Ele tem um pouco de barriga, o rosto de um homem que não tem mais vinte anos, mas também, em sua maneira de se movimentar, uma elegância plácida e uma humanidade que fazem dessa sequência um grande momento do cinema. Ele nunca poderia ter dançado assim se não tivesse vivido aqueles anos de decadência. A alegria de Andre Agassi ao ganhar o Roland-Garros em 1999 era rica desses fracassos; a graça de John Travolta dançando em *Pulp Fiction* é rica desses anos em baixa.

Ele foi indicado ao Oscar de melhor ator, e *Pulp Fiction* recebeu a Palma de Ouro no Festival de Cannes: sua carreira tomou um novo impulso e ele se tornou um dos atores mais requisitados do mundo. Seus sucessos posteriores (*A outra face, Além da linha vermelha...*) teriam um sabor que jamais teriam se ele fosse um vencedor entre outros.

A alegria de viver

A alegria do combatente pode também assumir o aspecto da alegria mais prosaica, mais banal: a alegria de viver. Quem sofreu provações sabe o gosto dos prazeres simples.

Os músicos que trabalharam em estúdio com Barbara muitas vezes confessaram seu espanto diante de seu bom humor, de sua simplicidade. Conhecendo sua história e suas canções, sua infância destruída e seus anos difíceis, eles imaginavam uma mulher intensa e grave. Ora, ela os surpreendeu por sua alegria. À mesa, ela era bem-humorada e jovial, gostava de brincar. Nas turnês, nas estradas, ria o tempo todo. A alegria de viver não é a alegria de viver segundo tal ou qual critério, depois de conseguir tal recompensa ou tal nível de renda: ela é a alegria de viver *tout court*; ela se basta. Às vezes devemos sofrer a derrota para chegar ao limiar dessa verdade da alegria, tão bem sintetizada pelo filósofo Clément Rosset em *Alegria, a força maior*: "Não existe sinal mais seguro da alegria do que sua identificação total com a alegria de viver."

Conheci alguns empresários cuja força me impressionou. Em situações de tensão, na hora de decisões difíceis, eles me espantaram por sua serenidade, a maneira bem-humorada de cumprir suas tarefas. Em todos os casos, tratava-se de empresários que já tinham ido à falência ou pedido concordata. Naquilo que tinham suportado eles encontraram a força de relativizar. Muitos outros que não conheceram o fracasso vivem seu dia a dia na angústia e sob pressão, às vezes tratando seus colaboradores de forma odiosa. Se nossos fracassos podem dar um gosto especial aos sucessos que vêm na sequência, têm também o poder de nos fazer apreciar melhor o passar dos dias, a calma depois da tempestade.

"Andar numa floresta entre duas sebes de samambaias transfiguradas pelo outono — isso é uma vitória. Comparados a isso, quanto valem reconhecimento e ovações?" Há genialidade nessa fórmula tão sucinta de Cioran. Com efeito, haveria maior triunfo do que contemplar a beleza da natureza sentindo-se vivo no meio do mundo? Esse triunfo é tanto mais poderoso quando se pensa nas provações por que passamos. Ele talvez só esteja ao alcance daquelas e daqueles que as enfrentaram.

A alegria na adversidade

Como definir a alegria que sentimos em plena adversidade, quando nos vemos obrigados a recorrer a nossas últimas energias e recursos para poder reagir ou simplesmente resistir? Assim como o elã vital, ela precisa da dificuldade para se manifestar. É a alegria do combatente, em sua forma mais pura: uma alegria na adversidade.

Estranha alegria, poderíamos pensar, essa alegria que se manifesta diante da ameaça. Mas é sem dúvida a mais forte, a mais pura: aquela que contrapomos à aspereza da existência ou à violência do mundo, como uma resposta, uma reação.

Compreender a natureza da alegria na adversidade permite avaliar o que distingue plenamente a alegria da felicidade. Quando estamos felizes, satisfeitos, a sombra que paira sobre nossa felicidade não a aumenta, pelo contrário. Por sua vez, nossa alegria parece atingir sua maior intensidade, e mesmo sua verdade, quando está ameaçada.

Ray Charles consegue resgatar a alegria depois de ter perdido o irmão, a vista e a mãe: eis a alegria na adversidade.

"O sucesso", declarou Winston Churchill, "é ir de fracasso em fracasso sem perder o entusiasmo": esse "entusiasmo" dá uma ideia muito precisa da alegria na adversidade.

É ela também que se infunde no coração do general De Gaulle quando ele parte para Londres em junho de 1940.

No olhar de Thomas Edison, que passa sucessivas noites em claro esperando fazer surgir a luz.

No corpo do judoca que cai, mas sente que está longe de permanecer no tatame.

Nos ombros do boxeador que recebe os golpes e se prepara para atacar com a direita.

Em nós também, toda vez que nosso fracasso nos dá coragem ou quando o elã vital vence nosso desânimo.

A *alegria do* progrediens

Essa alegria de enfrentar a adversidade muitas vezes é seguida de um desenvolvimento de nossos talentos ou competências. Um dos grandes prazeres da existência é progredir, aproveitar as oportunidades que a vida nos oferece para, como já dizia Aristóteles, "atualizar sua potência". Os filósofos da Antiguidade usavam o belo termo *progrediens* para descrever o homem que, sem ter chegado à perfeição, melhora a cada dia mais. Ser um *progrediens*, seguir em frente: eis o objetivo de uma existência.

Ora, existem faculdades que só o fracasso ou o embate com a realidade nos permitem desenvolver.

Leonardo da Vinci demorava anos para pintar seus quadros. Ele levou quinze anos pintando *A Virgem, o Menino Jesus e Santa Ana*, que ficou inacabado até sua morte. É preciso imaginá-lo elaborando sua obra-prima ao longo de todos esses anos. Ele retoca, corrige, ajusta, refina. Duvida, hesita até diante de seus aprendizes, pensa em abandonar, mas então recomeça, tomado de um furor criativo. Lutando ferozmente contra o próprio quadro, ele experimenta a alegria do *progrediens*, que não é o mesmo que felicidade. Se ele não fracassasse jamais, se não tivesse medo de abandonar, não avançaria tanto — e sua alegria seria menor.

"A alegria", escreve Espinosa de modo brilhante, "é a passagem de uma perfeição menor a uma perfeição maior". Eis por que às vezes encontramos a força de continuar a luta no coração do próprio fracasso: dando-nos a chance de melhor compreender o mundo ou de desenvolver nossos talentos, o fracasso nos permite esse crescimento, essa "passagem de uma perfeição menor a uma perfeição maior".

Compreendemos melhor o que ajudou J.K. Rowling a resistir quando, sem dinheiro e sem lugar para morar, abatida pelo sentimento do fracasso, punha no papel as aventuras de Harry Potter. É uma alegria dobrada. Uma alegria na adversidade: a de encontrar nela a força para resistir. E uma alegria de *progrediens*: ela aprendia a construir uma história, a criar personagens, a fazê-los evoluir de modo coerente, a inventar um universo.

É preciso imaginá-la debruçada sobre suas folhas de papel no pub de fachada vermelha. A realidade de seus fracassos mostrara-lhe que era capaz de encontrar alegria a despeito de toda adversidade. Pouco a pouco, sua alegria de *progrediens* a ajudava a cicatrizar seu ferimento.

A alegria mística

Enfim, nossos fracassos podem nos fazer descobrir a alegria mais radical — a mais "louca", talvez: a aprovação de tudo o que é. O combatente, nesse caso, não luta mais. Mas seu abandono, se nada tem de "combativo", constitui uma afirmação, um poderoso assentimento.

Para os estoicos, os primeiros cristãos e a maioria dos grandes místicos, a verdadeira alegria se alcança pela privação, pelo despojamento. É preciso saber abandonar o que nos faz superficialmente felizes — pequenos sucessos, reconhecimento social, poder — para tocar o essencial, que os estoicos chamam de energia cósmica; os cristãos, de Deus; e que os místicos se recusam a nomear. A dificuldade da vida pode nos conduzir ao limiar desse abandono e nos propiciar esse encontro com o essencial. O fracasso mais radical confina, pois, com a vitória mais completa: a alegria mística.

Em *Alegria, a força maior*, Clément Rosset evoca essa alegria paradoxal:

> Há um outro exemplo impressionante dessa euforia contraditória numa recordação de infância de Michelet: "Eu me lembro que, naquela desgraça total, privações do presente, temores do futuro, com o inimigo a dois passos (1814!), meus inimigos zombando de mim todos os dias, certa vez, uma quinta-feira de manhã, eu me dobrei sobre mim mesmo, sem fogo (a neve cobria tudo), não sabendo ao certo se o pão viria à noite, tudo para mim parecia acabado — senti, sem nenhuma mistura de esperança religiosa, um sentimento estoico puro — bati na mesa de carvalho (que sempre conservei comigo) minha mão entorpecida pelo frio e senti uma alegria viril de juventude e de porvir." Textos como esses nos lembram que a alegria, tal como a rosa de

que fala Angelus Silesius em *O peregrino querubínico*, pode eventualmente prescindir de toda razão de ser. Eles sugerem assim que talvez seja na situação mais adversa, na ausência de qualquer motivo razoável para contentamento, que a essência da alegria se deixe melhor apreender.

O que há de melhor que nossos fracassos para nos levar a essa "situação mais adversa" onde a "ausência de qualquer motivo razoável para contentamento" nos permitirá, enfim, apreender a essência da alegria?

Podemos achar essa ideia exagerada. Não obstante, nela encontramos às vezes, simbolizada pela mão de Michelet batendo na mesa de carvalho, a sensação de que a alegria é sentida no contato com a realidade. Ser alegre é sempre levar em conta o real, saber encontrar nele alguma coisa para amar: o corpo do outro no amor, o raio de sol em meu rosto, meus músculos que se desenvolvem com o exercício físico, ainda que eu esteja numa cela de prisão...

Por mais que os místicos de que falamos renunciem a tudo, resta-lhes o essencial: o real, para eles permeado por algumas energias do cosmos; para outros, pelo amor de Deus ou pela força da vida.

***

"A alegria tem sempre contas a ajustar com o real; a tristeza, por sua vez, se debate sem cessar — e aí está sua desgraça — com o irreal", afirma com toda razão Clément Rosset.

Mesmo não sendo místicos, quando sentimos a alegria do combatente, também nós redescobrimos o real: o de nosso triunfo tardio (que nos traz a alegria de sair de uma longa luta), o de nossa simples presença no mundo (que nos traz a alegria de viver), o de nossa capacidade de resistir aos reveses (que nos dá a alegria na adversidade), o dos progressos efetivos que fazemos (que nos faz descobrir a alegria do *progrediens*).

Alegria e fracasso, longe de se oporem, revelam-se, assim, filosoficamente ligados: ambos são uma experiência do real. Compreendemos melhor por que nossos fracassos não são necessariamente sinônimo de tristeza, mas antes podem nos ajudar a tomar pé, a retomar o caminho da alegria.

15

O homem, esse animal que falha

> *O homem é o único animal cuja ação é incerta, que hesita e tateia, que faz planos na esperança de ter êxito e com medo do fracasso.*
>
> HENRI BERGSON

A esta altura de nossa reflexão, talvez lhe venha uma desconfiança. Não estamos dando espaço demais ao fracasso? Não existem fracassos que não nos ensinam nada? E outros dos quais não nos recuperamos?

Para responder, temos de fazer uma incursão na antropologia.

"Vocês podem imaginar uma aranha que não saiba tecer sua teia?", perguntava com malícia Michel Serres ao público de uma de suas conferências. A aranha não pode falhar porque obedece ao instinto, apenas segue o código de sua natureza. Do mesmo modo, as abelhas não cometem erros na transmissão de informações. Seus sinais são emitidos e recebidos de forma perfeita — não há mal-entendido entre as abelhas. "O animal não pode fracassar", concluía o filósofo. O mesmo não acontece com os humanos. Nem sempre conseguimos nos compreender, e poucos são capazes de construir um abrigo na floresta. Mas nós inventamos a literatura e a arquitetura.

O que se constata no nível da espécie constata-se também no plano individual: quanto mais falhamos, mais aprendemos e descobrimos. Como nossos destinos naturais não são fortes o bastante para ditarem nosso comportamento, agimos por tentativas sucessivas, desenvolvemos raciocínios e *savoir-faire*, inventamos, progredimos. As coisas são menos simples para os filhotes humanos do que para os filhotes dos animais, mas essa dificuldade nos faz ir muito além deles. Menos determinados por nosso código natural, encontramos mais obstáculos, mas, enfrentando-os, vamos mais longe do que se eles não existissem.

Compare-se um bebê e um potro um dia depois de seu nascimento. O recém-nascido não sabe nem andar nem falar. Antes de conseguir pôr um pé adiante do outro, ele cairá uma média de duas mil vezes — dois mil fracassos antes do primeiro sucesso.

O potro, porém, não tem de percorrer essa longa via-sacra. Mal saído do ventre da mãe, ele estica as patas, põe-se de pé e, às vezes em alguns minutos, começa a andar. Prova, nos dizem os etnólogos, de que o potro nasce na época certa. Nele, a natureza completou sua obra. Ele só tem de seguir seu instinto.

Inversamente, o recém-nascido parece ter vindo ao mundo cedo demais, como inacabado. Ele deverá, portanto, compensar essa dificuldade original. A ideia não é nova: os filósofos gregos da Antiguidade já achavam que os homens foram "negligenciados" pela natureza. E viam a cultura como o fruto indireto dessa negligência. Essa hipótese atravessa toda a história da filosofia.

"Em uma palavra", resume Fichte em 1796, "enquanto todos os animais nascem completos e perfeitos, o homem não passa de um esboço... A natureza completou todas as suas obras, mas abandonou o homem, entregando-o a si mesmo".

Abandonado, inacabado, o filhote humano, para progredir, terá de tirar lições de seus fracassos. Melhor, ele vai aprender também com os fracassos de seus ancestrais, o que é próprio da civilização. Três meses depois de nascer, o bebê terá percorrido um caminho extraordinário. O potro, não. O filhote humano levará entre dez e quinze meses para aprender a andar, mas terminará por dirigir automóveis e pilotar aviões.

Rousseau vê nessa "perfectibilidade" aquilo que é próprio do ser humano: libertado da submissão ao instinto, pode se aperfeiçoar continuamente, corrigindo seus erros. A perfectibilidade, ele escreve,

> essa faculdade que, ajudada pelas circunstâncias, desenvolve sucessivamente todas as outras e existe em nós, tanto na espécie como no indivíduo; o animal, porém, ao cabo de alguns meses, já é o que será durante toda a vida, e sua espécie, ao cabo de mil anos, será a mesma que era no primeiro desses mil anos.

Saber viver, para os animais humanos que somos, é saber falhar, tirar algum proveito de suas falhas e das de sua espécie. É verdade que às vezes os animais aprendem com seus erros. A doninha sabe por onde agarrar o rato para que ele não a morda de novo, a raposa sabe que bagas evitar para não tornar a adoecer. Mas essa aprendizagem é mínima em relação ao que sabem por instinto. E, principalmente, eles não podem transmitir sua experiência às gerações seguintes.

No início do século XX, a hipótese de um animal humano "inacabado" ao nascer teve sua primeira confirmação científica. Em 1926, o biólogo holandês Louis Bolk caracterizou a espécie humana por seu nascimento prematuro, que ele definia com o termo "neotenia". Dando continuidade aos seus trabalhos, zoólogos calcularam, comparando o desenvolvimento embrionário dos humanos ao dos pongídeos (chimpanzés, gorilas, orangotangos), que a gestação dos humanos deveria durar 21 meses em vez de nove. De sua parte, embriologistas chegaram à conclusão de que seriam necessários dezoito meses para as células do feto humano completarem seu desenvolvimento. Faltam, portanto, entre nove e treze meses de gestação ao feto humano: a falha da natureza está confirmada.

É justamente por chegarmos ao mundo antes da hora que temos de aprender com nossas tentativas, nossos tateares, nossos fracassos.

Vamos mais longe: não somos simplesmente animais que falhamos e aprendemos com nossos erros e os de nossa espécie. Somos animais falhos, nascidos cedo demais, imperfeitos. Mas o erro da natureza em nós é como um fogo poderoso, o motor de nosso progresso.

Freud, por exemplo, vê nessa prematuridade do nascimento — provavelmente devida ao fato de que o homem se pôs de pé — a origem de nossa capacidade de nos tornarmos seres dotados de moralidade. "A impotência original do ser humano se torna a fonte primária de todos os motivos morais", afirma ele num de seus primeiros textos, *Projeto de uma psicologia científica*. Freud se pergunta: como não se sentir responsável diante de um recém-nascido frágil? Como não se elevar à nobre obrigação moral de protegê-lo? Teríamos nos tornado seres sociais pela mesma razão: para compensar a dependência do recém-nascido. A importância dos laços humanos e da família teria como origem a angústia infantil, devida a um nascimento precoce.

Assim, a falha da natureza em nós faz nossa grandeza. O homem se tornou homem no dia em que se recusou a deixar morrer um fraco, em que parou para apoiar um ancião. E se tornou humano recusando a lei natural da evolução: em nossa civilização, os fracos também têm direito a sobreviver.

Cada um de nós repete na infância o que aconteceu na história da evolução de nossa espécie: crescemos renunciando à nossa agressividade natural. Ainda muito jovens, interiorizamos os interditos maiores de nossa civilização: não nos permitimos expressar nossas pulsões mais antissociais, agressivas ou sexuais. Freud chama a esse processo de "recalcamento". Esse recalcamento, pelo qual nos civilizamos, vai metamorfosear nossa agressividade numa energia — a "libido" — que vamos reinvestir alhures: no trabalho, em nossa sede de aprender, em nossa criatividade. Nós lhe damos outra forma e a espiritualizamos nas obras de nossa cultura. Nós a "sublimamos", para retomar o vocabulário de Freud. Por fim, o fato de nossas pulsões naturais não conseguirem atingir seu objetivo é benéfico: é assim que nos tornamos criativos, civilizados, propriamente humanos.

Porque somos animais falhos, somos capazes de sublimação.

Porque somos capazes de sublimação, somos animais que caímos, mas podemos nos levantar, analisar nossos fracassos e continuar a progredir.

Toda vez que duvidarmos da virtude de nossos fracassos, que nos sentirmos feridos ou apequenados, devemos nos lembrar do que fez nossa humanidade: nós nos distinguimos dos outros animais porque conseguimos metamorfosear em força nossos fracassos. Todos os nossos fracassos.

O da natureza em nós, que nascemos antes do tempo certo.

O de nossas pulsões agressivas, que podemos sublimar.

E aqueles que encontramos em nossos projetos, dos quais tanto aprendemos, mesmo sem ter consciência disso.

Somos animais que falhamos e animais falhos, por uma única e mesma razão: somos livres. Para demonstrá-lo, Descartes desenvolveu a teoria dos "animais-máquina", tão mal compreendida.

É preciso conceber os animais como máquinas, afirma ele em sua "Lettre au marquis de Newcastle" ["Carta ao marquês de Newcastle"], para compreender o funcionamento de seus corpos. Pensar o coração do cavalo como uma bomba, e suas artérias como correias de transmissão, permite explicar como "funciona" um cavalo. Censuraram-no afirmando que essa analogia negava o sofrimento animal. Não obstante, o autor das *Meditações metafísicas* sabia que os animais sofrem. Com sua teoria, ele queria ressaltar outra coisa: as ações e reações dos animais obedecem ao código do instinto de maneira tão perfeita que até se torna automática, maquinal. Por oposição, ele queria mostrar como nosso comportamento humano é diferente. Não "funcionamos" como máquinas — e ainda bem! Se os animais fossem máquinas que funcionam, seríamos antes máquinas que enguiçam. Com efeito, somos livres demais e complexos demais. Nós hesitamos, duvidamos, somos presas da vertigem e da angústia. Nenhum animal é capaz, como nós, de querer uma coisa e seu contrário. Se às vezes não conseguimos nos entender, é porque não utilizamos a linguagem simplesmente para mandar mensagens ou enviar sinais. Ser humano é fracassar em ser uma máquina: eis o que, no fundo, Descartes queria dizer — e é uma bela ideia.

Somos animais falhos e máquinas que não funcionam. Nossos fracassos dão prova disso. Estes, assim entendidos, nos confirmam a cada vez, mesmo quando parecem nos esmagar, o quanto somos livres.

Enfim, na relação com nosso desejo, somos também confrontados com uma experiência de fracasso que faz nossa grandeza: sentimos que há em nós uma falta, um vazio impossível de preencher.

Os outros animais — os "bem-sucedidos" — têm apenas necessidades. Uma vez satisfeitas, não lhes falta nada. O mesmo não acontece conosco; ainda quando nossas necessidades básicas são satisfeitas, nós continuamos a desejar, a "sentir falta" de alguma coisa. Nosso desejo é insaciável. Mal satisfazemos um deles, outro vem sucedê-lo. O objeto de nosso primeiro desejo se nos afigurava, contudo, como o Graal. Bastou podermos alcançá-lo para que surgisse em outro lugar. Parece haver algo de inacessível por trás dos sucessivos objetos de nossos desejos: visando ao impossível, nosso desejo se distingue das necessidades naturais.

No fundo, todo desejo é desejo de eternidade, pensava Platão. Hegel retoma a mesma ideia, mas substituindo a eternidade pelo reconhecimento. Para ele, todo desejo, no fundo, é um desejo de reconhecimento absoluto de nosso valor, que, por definição, nunca poderemos obter. Para Freud, no fundo de todo desejo há aquele, igualmente impossível, de um retorno à plenitude intrauterina. Lacan, herdeiro de Platão, Hegel e Freud, nomeará esse obscuro e inatingível objeto de nosso desejo "*objet petit a*".[7]

A ideia é sempre a mesma: desejar é desejar o impossível. Falhar em encontrar a satisfação, mas sentindo-se maiores, mais criativos, mais imaginativos, mais vivos. Graças a essa falta, graças à reiterada impossibilidade de satisfazer nosso desejo, continuamos audaciosos, inquietos, curiosos, ambiciosos. Em suma, humanos. Se pudéssemos satisfazer esse desejo, essa busca teria fim, e nossa criatividade se esgotaria. Estaríamos satisfeitos, serenos, mas com uma serenidade semelhante à morte. Não seria esse o pior dos fracassos?

Segundo a etimologia latina, "desejar" vem de *desiderare*, que os astrólogos e os áugures romanos distinguiam de *considerare*. *Considerare* significava contemplar os astros para saber se o destino era favorável. *Desiderare* queria dizer lamentar a ausência do astro, do signo favorável do destino: "procurar o astro perdido".

---

7. Embora Lacan tenha dito que esse termo não deve ser traduzido, em inglês propõe-se a tradução "*little o-object*". No francês, o "a" está em lugar de "autre" (*other* em inglês, *outro* em português), significando o objeto inacessível do desejo. Em português teríamos, portanto, "objeto pequeno o", isto é, "objeto pequeno outro". [N.T.]

Essa definição do desejo é magnífica. Ela expressa o que todos nós sentimos quando, perseverando em nossa busca sem jamais nos satisfazer, sentimos essa falta que nos torna tão vivos. Buscamos nosso astro perdido. Pouco importa que ele se chame eternidade, reconhecimento ou plenitude intrauterina. O que importa é que ele seja inacessível.

Essa força do desejo é sem dúvida o que nos separa mais claramente dos outros animais. Existem alguns — como os mamíferos superiores, por exemplo — que têm uma consciência, sentem dor, têm medo da morte, desenvolvem comportamentos morais e são capazes de altruísmo. À medida que a etiologia, a ciência dos comportamentos animais, avança, torna-se cada vez mais difícil definir o que é próprio do homem. A fronteira entre o homem e o animal se torna cada vez mais permeável. Até hoje, porém, nenhum estudo demonstra que os animais estão em busca de seu "astro perdido". Aí talvez resida a diferença entre homem e animal. Os animais não dedicam sua vida à busca do impossível. Nós, sim. E esse fato é o sal de nossa existência.

"O homem", escreve Henri Bergson, "é o único animal cuja ação é incerta, que hesita e tateia, que faz planos na esperança de ter êxito e temendo o fracasso".

Com efeito, nós, animais humanos que somos, hesitamos porque somos livres. Acontece-nos de tatear, mas porque procuramos nossa estrela.

16

Nossa capacidade de recuperação é ilimitada?

Desde o início de nosso trabalho, duas concepções da sabedoria do fracasso se contrapõem.

Quando víamos no fracasso uma oportunidade de reagir, tomar novo ânimo, reinventar-nos ou nos descobrir disponíveis para outra coisa, estávamos na lógica do "devir".

E quando considerávamos o fracasso como um ato falho que revelava a força de um desejo inconsciente, ou como uma oportunidade para nos interrogarmos sobre nossas aspirações essenciais, nós nos situávamos numa lógica do "ser".

No primeiro caso, a sabedoria do fracasso é existencialista: fracassar é nos perguntar em que podemos nos transformar. No segundo, ela é psicanalítica: fracassar é nos perguntar quem somos, qual é nosso desejo profundo, descobrir alguma coisa de sua verdade e tentar analisá-la.

De um lado, Sartre; do outro, Freud e Lacan.

Essas duas sabedorias se opõem, muitas vezes discretamente, ao longo de toda a nossa reflexão. Aliás, é certo que elas são mutuamente excludentes? Se radicalizamos as posições, sim.

Para Sartre, a questão do "o que sou", de minha "essência" ou de meu "desejo profundo", é aquela que devo evitar. O simples fato de fazê-la me inibe, tolhe minha liberdade. É pelo fato de que "não sou" que minha capacidade de resistência é ilimitada: só haverá *game over* no fim de minha existência.

Só começarei a "ser" no dia de minha morte, afirma Sartre: só terei uma "essência" ao me tornar um cadáver. Até lá, o campo dos possíveis continua aberto ao infinito.

Inversamente, Lacan, contemporâneo de Sartre, considera que meu desejo inconsciente me constitui de maneira essencial. Ele é, em mim, como um destino: o resultado de minha história familiar, um eixo em torno do qual não posso deixar de girar. Impossível, pois, renovar-se ao infinito: eu devo me aproximar de meu desejo para conseguir suportar minha vida.

Nessa perspectiva, os fracassos sucessivos de Michel Tournier em seus concursos para a cátedra de filosofia são atos falhos que revelam um desejo inconsciente. Da mesma forma, a depressão de Pierre Rey só pode significar, para um lacaniano, uma infidelidade ao seu desejo, herdado de sua história. Portanto, ele só pôde reagir na medida em que terminou por entender a verdade de seu inconsciente.

Diante dessa oposição, diferentes atitudes são possíveis.

Primeira opção: escolher seu campo, o que na verdade deriva de uma crença. Crer na liberdade total de Sartre ou no determinismo do inconsciente freudiano. Tomar posição no que foi o grande debate do século XX, que tematizei num de meus livros anteriores, *Os filósofos no divã*. Nele eu imaginava um encontro a portas fechadas entre Sartre e Freud: o existencialista vai ao gabinete do psicanalista, mas, quando o vemos deitado no divã, compreendemos que ele está ali para provar a inexistência do inconsciente...

Ainda hoje existe esse debate que contrapõe terapeutas comportamentais a psicanalistas freudianos ou lacanianos.

Os primeiros consideram inútil, para se recuperar de um fracasso, deitar-se no divã ao longo de meses ou anos, e propõem diferentes métodos para recomeçar com novo ânimo, mudar suas representações, aprender a ver o copo "metade cheio" e não mais "metade vazio", "programar-se" para o sucesso. Os segundos acusam os primeiros de negar o inconsciente, de apenas deslocar o sintoma, condenando seus pacientes à repetição de situações de fracasso. Os primeiros apostam em terapias breves, os segundos advertem que se leva tempo para deixar de mentir para si mesmo.

Segunda opção: distinguir as fases da vida. Preferir, por volta dos vinte anos de idade, uma embriaguez existencialista. Esperar alguns anos para ir ao divã e se perguntar sobre o próprio desejo. Jovem, viver os próprios fracassos como força motriz para avançar, oportunidade de explorar novos caminhos. Mais tarde, utilizá-los como ocasiões para reportar-se à própria história e se perguntar: quem desejo ser? Como herdo aquilo que não escolhi?

No liceu, meus alunos têm entre dezesseis e dezoito anos. Eles arregalam os olhos quando falo desse desejo inconsciente do qual eles não fazem ideia, mas que, vindo de sua infância, e mesmo de seus ancestrais, os determinaria. A hipótese os intriga, mas eles nem querem ouvir falar dela. Em compensação, nada os seduz mais do que a visão sartriana de um possível infinito, de uma liberdade total que gera angústia, mas também implica responsabilidade. Inversamente, quando faço palestras em empresas, para um público de gente mais velha, noto o quanto a referência ao desejo traído e à questão da fidelidade a si mesmo os toca. Eles sabem, por experiência própria, até que ponto a ideia sartriana de liberdade total é uma negação do real.

Terceira opção, a mais sedutora: tentar uma superação da oposição. Tentar reinventar-se ao máximo, mas mantendo-se fiel ao próprio desejo. Valer-se dos fracassos, das encruzilhadas existenciais e impulsos de recuperação para tentar reaproximar-se de seu "eixo" — aquilo que é, para si, o essencial. Esse é exatamente o sentido do "torna-te o que tu és" nietzschiano.

Torna-te: não te deixes enclausurar por teus fracassos, faz deles oportunidades.

O que tu és: mas sem trair o que importa de fato para ti, o desejo de te tornares uma pessoa única.

Ao fim de seu seminário intitulado *L'Éthique de la psychanalyse* [A ética da psicanálise], Jacques Lacan afirma: "A única coisa de que podemos ser culpados, ao menos da perspectiva analítica, é de termos traído o próprio desejo." Qual é esse "desejo" ao qual se deve fidelidade? A tentação seria de fixá-lo, transformá-lo numa essência ou num destino. Mas podemos também considerá-lo como o resultado, em nós, de nossa história, da maneira como vivemos nossa infância, do recalcamento de nossas pulsões antissociais, de nosso lugar na comunidade de irmãos e irmãs da família, no projeto parental...

Termos a capacidade de, na idade adulta, perceber que um desejo mais importante que os outros nos permeia, e não necessariamente nos imobiliza: é simplesmente afirmar que somos "alguém em algum lugar", como um herói ou anti-herói existencialista. Podemos continuar a nos transformar o quanto quisermos, mas "sem abrir mão de nosso desejo", sem trair aquilo que constitui nossa herança.

A dificuldade, aqui, é chamar de desejo a essa herança, aceitar defini-lo por alguma coisa que, no que tem de mais essencial, não foi escolha nossa. Ocidentais acostumados a reconhecer o livre-arbítrio e a consciência soberana, resistimos a essa ideia. Não obstante, isso é mero bom senso. Somos os filhos de nossa infância e, para além dela, de uma história que se desenvolve ao longo de várias gerações. Como pensar que tal história não nos leva a ser aquele ou aquela que somos e que não nos conduz a uma aspiração primordial? Nem por isso a ideia nos prega um destino na pele.

Os grandes fundadores, já dizia Nietzsche, são aqueles que reconhecem plenamente o fato de serem, em primeiro lugar, herdeiros. Os outros desperdiçam tanta energia em esconder o que são que não lhes sobra força para continuarem a se tornar. Uma vez que sabemos de onde viemos, que constatamos a dimensão do que herdamos, ainda nos resta a liberdade de dançar em volta de nosso eixo, de nos renovar na fidelidade àquilo que não podemos mudar. É preciso reconhecer o solo para poder plantar nele uma árvore capaz de crescer. Nossos fracassos podem nos ajudar a conhecer a natureza desse solo. Cabe a nós levar isso em conta e aprender a dançar.

Ao contrário do que afirmam certos terapeutas, nossa capacidade de resistir e de nos recuperar não é infinita. Mas se soubermos nos manter fiéis àquilo que importa para nós, essa capacidade será considerável. Lembremo-nos dos exemplos de Charles de Gaulle, Barbara, Richard Branson e David Bowie. Tanto no coração dos fracassos como no dos sucessos, foi mantendo-se fiéis à sua busca que eles venceram. David Bowie mudou de rosto, de personagem, de gênero, reinventou-se ao mesmo tempo em que reinventou sua música, mas continuou fiel a seu imperativo. Não à sua "identidade" nem à sua essência, mas ao seu projeto, à sua falta. À sua estrela. É isso que reconhecemos e tanto amamos nele. Alguma coisa em sua voz, em qualquer de suas fases e álbuns, revela essa fidelidade.

Somos mais livres à medida que sabemos a que aspiramos. Identificar nossa busca, aquilo de que não devemos abrir mão, nos torna ao mesmo tempo menos livres e mais livres. Menos livres: agora nem tudo é possível. Mais livres: seremos melhores mantendo-nos "em nosso eixo", fiéis ao nosso desejo.

Duas perspectivas filosóficas, pois, mas uma só sabedoria do fracasso: a que nos abre para nossa liberdade no próprio cerne de nossos limites.

Conclusão

A palavra *échec* teria vindo do árabe *al cheikh mat*, que originou *échec et mat*[8] e significa "o rei morreu".

Escrevi este livro para mostrar o contrário: quando fracassamos, o rei em nós não morre. Pode até acontecer de ele tomar consciência de sua força nessa ocasião. Os grandes reis alcançam sua grandeza no combate, quando surpreendem a si mesmos e se revelam aos outros. Naturalmente, o fracasso não é agradável. Mas ele abre uma janela para o real, permite-nos desenvolver nossas capacidades ou nos aproximar de nossa busca íntima, de nosso desejo profundo: o rei está ferido, viva o rei!

Essa origem árabe é polêmica. *Échec* pode ter vindo do persa *sha mat*, isto é, "o rei está espantado". Com efeito, há motivos para nos sentirmos intrigados, às vezes maravilhados, com aquilo que nossos fracassos provocam, tão grande é nossa

---

8. *Échec* em francês significa xeque, fracasso, revés. *Échec et mat*: em português, xeque-mate. [N.T.]

capacidade de resistência e recuperação, tão grande é o poder que têm de nos aproximar dos outros e de nós mesmos, de nos abrir os olhos. É preciso ter fracassado para compreender o que há de intenso na simples alegria de viver e na beleza do mundo.

Mas a palavra *échec* pode ter vindo, mais simplesmente, do francês antigo *eschec*, termo surgido no século XI e que designa o butim. O butim é o que um exército toma do inimigo, o produto de um roubo ou a coleta feita por um botânico: em todos esses casos, ele é um sinal de vitória. Fica-se tentado a acreditar nessa etimologia, pois é ela que nos serve de melhor guia para a sabedoria do fracasso.

Nossos fracassos são butins, e por vezes até verdadeiros tesouros. É preciso correr o risco de viver para descobri-los, partilhá-los, para saber o valor que têm.

ANEXOS

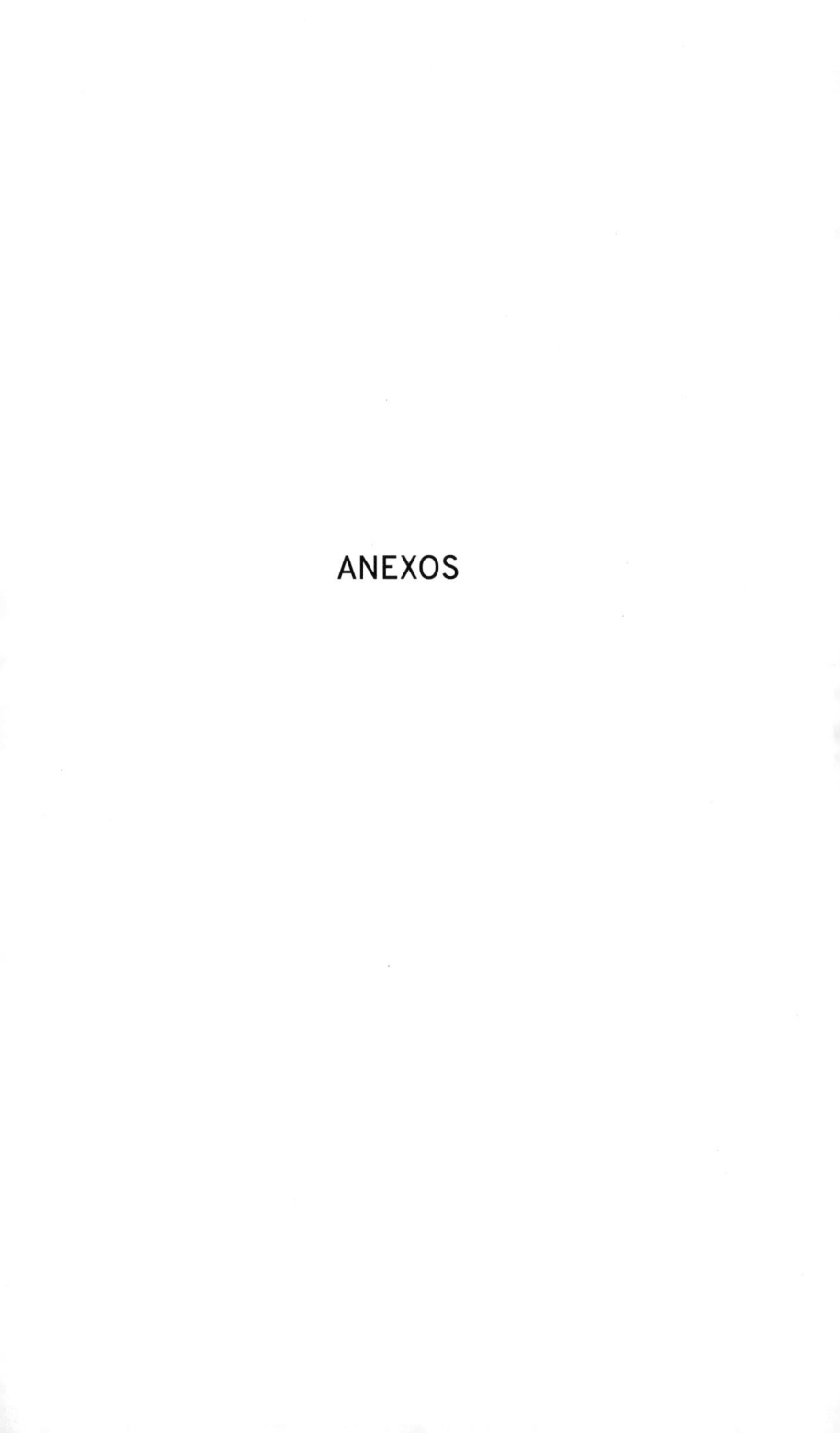

Se

Rudyard Kipling

Se és capaz de suportar a destruição da obra de tua vida
E, sem dizer palavra, te pores a reconstruir,
Ou de perder de um só golpe o ganho de cem partidas
Sem um gemido e sem um suspiro;

Se és capaz de amar, sem enlouquecer de amor,
De ser forte, sem perder a ternura,
E, sendo odiado, nem por isso odiar,
Mas lutar em defesa própria;

Se és capaz de ouvir tuas palavras
Distorcidas por patifes para excitar os tolos,
De ouvir mentiras sobre ti de bocas insensatas
Sem dizer uma palavra mentirosa;

Se és capaz de te manteres digno, sendo popular
E fiel ao povo, aconselhando reis,
De amar a todos os teus amigos como se fossem irmãos,
Sem que nenhum deles seja tudo para ti.

Se sabes meditar, observar e conhecer,
Sem jamais te tornares cético nem destruidor,
De sonhar, sem que o sonho te domine,
De pensar, não sendo apenas pensador;

SE

Se és capaz de firmeza, isenta de toda fúria,
De bravura, mas sem nada de imprudência,
De bondade, de sabedoria,
Sem moralismo nem pedanteria;

Se és capaz de encontrar a Vitória após a Derrota
Acolhendo da mesma forma esses mentirosos,
Se és capaz de manter a coragem e a cabeça fria
Quando os outros se encontram em grande agonia

Então o Trono, os Deuses, a Fortuna e a Vitória
Serão para todo o sempre teus dóceis escravos,
E — o que vale mais que o Trono e a Glória —
Tu serás um homem, meu filho!

Os livros que fizeram este livro*

AGASSI, Andre. *Agassi: Autobiografia*. São Paulo: Globo, 2010.
ALAIN, *Propos sur le bonheur*. Paris: Folio Essais, 2007.
ARENDT, Hannah. *A condição humana*. Rio de Janeiro: Forense Universitária, 2007.
BACHELARD, Gaston. *A formação do espírito científico*. Rio de Janeiro: Contraponto, 1996.
BECKETT, Samuel. *Cap au pire*. Paris: Les Éditions de Minuit, 1991.
BERGSON, Henri. *A energia espiritual*. São Paulo: WMF Martins Fontes, 2009.
_____. *O pensamento e o movente*. São Paulo: Martins Editora, 2006.
BOUCHERON, Patrick. *Leçon inaugurale au Collège de France*. Paris: Fayard, 2009.
BUCKLEY, David. *David Bowie, une étrange fascination*. Paris: Flammarion, 2004.
CAMUS, Albert. *Discours de Suède* [1958]. Paris: Folio/Gallimard, 1977.

---

* Existindo edições brasileiras, são estas as indicadas.

CARRERE, Emmanuel. *O reino*. Rio de Janeiro: Alfaguara Brasil, 2016.

CHAR, René. *Les Matinaux*. Paris: Poésie Gallimard, 1950.

_____. *Feuillets d'Hypnos*. Paris: Folio, 2007.

CHURCHILL, Winston. *Memórias da Segunda Guerra Mundial*. Rio de Janeiro: Nova Fronteira, 1995.

CIORAN, Emil. *Do inconveniente de ter nascido*. Lisboa: Letra Livre Portugal, 2010.

CORNEILLE, Pierre. *O Cid*. Rio de Janeiro: W M Jackson Inc, 1950.

DARWIN, Charles. *Journal de bord du voyage sur le Beagle*. Paris: Jacqueline Champion, 2012.

DE GAULLE, Charles. *Memórias de guerra*. Rio de Janeiro: Biblioteca do Exército, 1974.

_____. *Memórias de esperança*. Lisboa: Edições MM, 1971.

DESCARTES, René. *Discurso do método*. Porto Alegre: L&PM, 2005.

_____. "Lettre au marquis de Newcastle". In: *Œuvres complètes*. Paris: Gallimard, 2007.

_____. *Princípios da filosofia*. Lisboa: Guimarães, 2003.

EINSTEIN, Albert. *Como vejo o mundo*. Rio de Janeiro: Nova Fronteira, 1981.

ESPINOSA, Baruch de. *Ética*. Lisboa: Autêntica, 2016.

EVANGELHO segundo São Mateus, Bíblia.

FICHTE, Johann G. *Fundamentos do direito natural*. Lisboa: Fundação Calouste Gulbenkian, 2012.

FREUD, Sigmund. *Cinco lições de psicanálise*. In: _____. *Obras completas*. Rio de Janeiro: Imago, 1987.

_____. *O mal-estar na civilização*. In: _____. *Obras completas*. Rio de Janeiro: Imago, 1987.

GRACQ, Julien. *Un beau ténébreux*. Paris: José Corti, 1981.

HAYAT, Philippe. *L'Avenir à portée de main*. Paris: Allary Éditions, 2015.

HERACLITO, *Fragmentos contextualizados.* São Paulo: Odysseus, 2012.

HEGEL, Georg W. E. *Fenomenologia do espírito.* Petrópolis: Vozes, 1984.

HERRIGEL, Eugen. *Zen e a arte do tiro com arco.* Lisboa: Assírio e Alvim, 2002.

HÖLDERLIN, Friedrich. *Patmos.* In: _____. *Œuvres.* Paris: Gallimard/Pléiade, 1967;

KANT, Immanuel. *Crítica da razão prática.* São Paulo: Martins Fontes, 2002.

KIPLING, Rudyard. *Tu seras un homme, mon fils.* Paris: Mille et une nuits, 1998.

LACAN, Jacques. *Escritos.* São Paulo: Jorge Zahar, 1998.

_____. *L'Éthique de la psychanalyse.* Paris: Éditions de l'Association freudienne internationale, 2002.

MARCO AURELIO, *Pensamentos para mim próprio.* Lisboa: Estampa, 1978.

MONTAIGNE, Michel de. *Os ensaios.* São Paulo: Companhia das Letras, 2010.

NADAL, Rafael; CARLIN, John. *Rafa: minha história.* Rio de Janeiro: Sextante, 2011.

NIETZSCHE, Friedrich. *Assim falou Zaratustra.* São Paulo: Companhia das Letras, 2018.

_____. *Segunda consideração intempestiva.* Rio de Janeiro: Relume-Dumará, 2003.

ONESTA, Claude. *Le Règne des affranchis.* Paris: Michel Lafon, 2014.

PROUST, Marcel. *À sombra das raparigas em flor.* São Paulo: Globo, 2006.

REY, Pierre. *Temporada com Lacan.* Rio de Janeiro: Rocco, 1990.

_____. *O desejo.* Lisboa: Editorial Notícias, 2001.

RICARD, Mathieu. *Plaidoyer pour les animaux*. Paris: Allary Éditions, 2014.

ROSSET, Clément. *Alegria, a força maior*. Rio de Janeiro: Relume-Dumará, 2000.

ROUSSEAU, Jean-Jacques. *Discursos sobre a origem e os fundamentos da igualdade entre os homens*. Porto Alegre, L&PM, 1999.

RUFIN, Jean-Christophe. *Immortelle Randonnée, Compostelle malgré moi*. Paris: Gallimard/Folio, 2014.

SANTO AGOSTINHO, *Confissões*. São Paulo: Companhia das Letras, 2017.

SARTRE, Jean-Paul. *O existencialismo é um humanismo*. São Paulo: Saraiva, 2002.

_____. *O ser e o nada*. Petrópolis: Vozes, 2007.

_____. *A náusea* . Rio de Janeiro: Nova Fronteira, 2016.

SENECA, *Sobre a brevidade da vida*. Porto Alegre: L&PM, 2016.

TOURNIER, Michel. *O rei dos álamos*. Lisboa: Dom Quixote, 1986.

_____. *Sexta-feira ou A vida selvagem*. Rio de Janeiro: Bertrand Brasil, 2001.

LAO-TSÉ, *Tao te Ching, o livro do caminho e da virtude*. Rio de Janeiro: Mauad, [s.d.].

TWAIN, Mark. *As aventuras de Huckleberry Finn*. Rio de Janeiro: Cia. Editora Nacional, 2002.

ESTE LIVRO FOI COMPOSTO EM GATINEAU CORPO 10,5 POR 15,6 E
IMPRESSO SOBRE PAPEL CHAMBRIL AVENA 90 g/m² NAS OFICINAS
DA RETTEC ARTES GRÁFICAS E EDITORA, SÃO PAULO — SP,
EM MARÇO DE 2021